Klaus Glöckner

Der gewaltfreie Weg zum Verbellen

Vielen Dank für die Unterstützung
bei der Erstellung der Fotos an:

Günter Eickmeier
Sarah-Lena Glöckner
Jürgen Peeters
Susanne Schwarzer

Umschlaggestaltung, Fotos und Layout: Klaus Glöckner

Herstellung: Books on Demand GmbH

Printed in Germany ISBN 3-8311-1536-2

Inhalt

Aufbauarbeit zu einer Verbellübung für den Diensthundbereich mit entsprechendem Sicherheitsabstand zur Person.

Der gewaltfreie Weg zum Verbellen

Teile dieser Verbellmethode werden den meisten Hundeführern bereits als erste Aufbauschritte aus verschiedenen Bereichen der Ausbildung von Rettungs-, Sport- und Diensthunden bekannt sein. Neu erarbeitet wurden hier verschiedene Möglichkeiten gewaltfreier Ausbildungselemente unter deren konsequenter Einhaltung das angestrebten Ausbildungsziel erreicht wird.

Anwendbar ist die Methode bei jedem Hund, der über die Grundvoraussetzungen zur Durchführung einer Ausbildung verfügt.

Wer einen Hund nach dieser Methode erfolgreich ausbilden möchte, sollte unbedingt alle Kapitel dieses Buches lesen und sich nicht auf die Beschreibung der einzelnen Ausbildungsschritte beschränken

Einleitung

Voraussetzung für ein dauerhaft harmonisches Zusammenleben zwischen Mensch und Hund ist das Bewusstsein des Menschen, dass er als Bezugsperson mit der Übernahme des Hundes die Rolle des Rudelführers in dieser Gemeinschaft übernommen hat.

Damit geht der Mensch dem Hund gegenüber eine besondere ethische Verpflichtung ein.

Der Hund benötigt eine Bezugsperson, die als Rudelführer konsequentes, aber einfühlsames Führungsverhalten beweist. Mangelt es dem Hundeführer an Konsequenz, stellt sich bald die Frage, wer in dieser Gemeinschaft die Führungsposition einnimmt. Fehlt es dagegen an Einfühlungsvermögen, so kann kein Vertrauensverhältnis entstehen.

Wer mit Hunden umgeht, sollte sich zunächst mit deren Entstehungsgeschichte vertraut machen. Hierzu wird im Fachhandel umfangreiches Informationsmaterial in Bild- und Schriftform angeboten. So können viele Verhaltensweisen von Hunden im täglichen Umgang richtig gedeutet werden.

Wer sich mit der Entstehungsgeschichte des Hundes auseinandergesetzt hat, wird schnell verstehen, daß ein Zusammenleben mit einem Hund nicht völlig ohne artgerechte Bestrafung möglich ist.

Antiautoritäre Erziehung wie sie der Mensch versteht, ist dem Hund fremd. Seine Natur verlangt nach einer eigenen Art von Ordnung.

Bei der Arbeit mit dem Hund ist es aber wichtig, zwischen den Begriffen „Erziehung“ und „Ausbildung“ zu unterscheiden.

Erziehung

Eine Erziehung muß jeder Hund erfahren, um im Alltag ein dauerhaft harmonisches Zusammenleben zwischen Mensch und Hund zu gewährleisten. Die Inhalte einer Erziehung sind so unterschiedlich, wie die individuelle Grundeinstellung eines jeden Hundehalters.
Hierunter fallen u.a. Verbote bezogen auf Wildern, Raufen, Betteln am Tisch und vieles mehr. Ebenso geht es um das Erlernen von Leinenführigkeit, Sitz“ oder „Platz“. Diese erlernten Verhaltensweisen unterscheiden sich von einer „Ausbildung“ insofern, dass ihre Ausführung nicht einer festgelegten Vorgabe, sondern nur den Erwartungen des jeweiligen Hundehalters entsprechen muß.
Eine richtige „Erziehung“ ist nicht ohne die eine oder andere artgerechte Strafe zu erreichen.
Wird der Hund artgerecht, einfühlsam und konsequent erzogen, so wird er hierdurch keinen Schaden erleiden.

Ausbildung

Die Ausbildung von Hunden geht deutlich über den Bereich des täglichen Umgangs miteinander hinaus.
Betroffen sind hiervon u.a. Rettungshunde, Dienst- oder Sporthunde. Die Anforderungen an die Durchführung erlernter Verhaltensweisen wie „Sitz“, „Platz“ und viele mehr, sind wesentlich höher, als beim normalen Familienhund. Die Ausführungen der Übungen sind durch Prüfungsordnungen präzise definiert und lassen dem Hundeführer keine Spielräume offen.
Hunde verfügen über angeborene Triebveranlagungen. Es liegt bei dem jeweiligen Hundeführer/Hundeausbilder diese Veranlagungen zu erkennen, zu fördern und für

die angestrebten Ausbildungsziele zu nutzen.
Der Hund arbeitet nicht für uns, sondern nur zur Erreichung seiner Triebziele.
Diese Triebziele so zu definieren, dass sie von Hunden „verstanden“ werden, ist unsere Aufgabe in der Ausbildung. Durch Gewaltanwendung während der **Lernphase** wird dies mit Sicherheit nicht erreicht.
In den vergangenen Jahren wurden erfreulicherweise viele neue Ausbildungswege beschritten. Statt unter ständigem Leinenzwang werden heute Gehorsamsübungen bereits häufig mit Hilfe eines Tennisballs oder ähnlicher Motivationsmittel durchgeführt.
Wenn auf diese Art der Spiel- und Beutetrieb des Hundes genutzt wird, „versteht“ der Hund das Ausbildungssystem. Wir sprechen somit seine Sprache.
Damit der Hund seine Aufgaben dauerhaft erwartungsgemäß ausführt, sollte nicht ständig die komplette erlernte Übung abgefragt werden.
Durch häufiges Wiederholen von kleinen Teilübungen mit vielen Bestätigungen bleibt der Hund in seinem Verhalten sicher.
Hunde, die auf diese Weise ein bestimmtes Verhalten erlernt (also verstanden) haben, müssen nicht mit Zwang „abgesichert“ werden.

In allen Bereichen, in denen einem Menschen Wissen und Techniken vermittelt werden sollen, finden ausgereifte Lernmethoden mit sehr kleinen Lernschritten und vielen Wiederholungen Anwendung. Trotz der einzigartigen Denkfähigkeit des Menschen wird niemals auf den Weg der kleinen Schritte verzichtet.
Ein gutes Beispiel bietet die Trainingslehre im Sportbereich. Besonders im Leistungssport werden im Training keine Wettkämpfe geprobt, sondern Grundübungen und deren Teilschritte perfektioniert.

Ein Tennisprofi z.B. trainiert täglich mehrere Stunden einfache Vor- und Rückhandschläge, Fußstellungen u.v.m. Ein gutes Training zeichnet sich dadurch aus, das variantenreich immer wieder Grundtechniken perfektioniert werden. Wer nur Trainingsspiele durchführt, wird niemals in die Leistungsspitze vordringen können.

Die so erlernten einzelnen Übungsteile werden in einem Match auf die jeweilige Situation bezogen zu einem perfekten Gesamtablauf zusammengefügt.

Warum also führen Hundeführer ihre Hunde bis zum Ende eines Ausbildungszieles, üben ständig Prüfungslagen und bestrafen jedes Fehlverhalten mit Zwang statt zu Grundübungen zurückzukehren?

Der Hund ist ebenso wie der Mensch in der Lage, verschiedene erlernte Teilübungen sofort zusammenzufügen, wenn eine Situation dies erfordert. Die oft zitierte Aussage, dass nur über Zwang abgesicherte Arbeitsergebnisse dauerhaft sicher sind, halte ich für völlig **falsch**.

Für die meisten gewünschten Ausbildungsziele gibt es Möglichkeiten, die Triebe des Hundes gewaltfrei zu nutzen. Die Übungsschritte müssen nur so angeordnet sein, dass sie von Hunden verstanden werden können.

Obwohl sich dieses Buch nur mit dem Ausbildungsziel „Verbellen“ beschäftigen soll, möchte ich zur Verdeutlichung ein Beispiel aus dem Bereich der Nasenarbeit anführen.

Der Mensch verfügt gegenüber Hunden über ein nur mäßig ausgeprägtes Riechorgan. Trotzdem haben Menschen Vorgaben entwickelt, wie Hunde eine Fährte „richtig“ ausarbeiten sollen. Danach darf von einer Fährte nicht abgewichen werden, der Fang ist geschlossen zu halten und die Nase muss möglichst tief am Boden geführt werden.

Wer diese Vorgaben macht, kann sich über die Möglichkeiten und Grenzen in der Nasenarbeit nicht wirklich Gedanken gemacht haben.
Einflüsse von z.B. Wind, Temperatur, Feuchtigkeit, Bodenbeschaffenheit oder Beschaffenheit bzw. Entwicklung der leitenden Geruchsspur finden hier keine Berücksichtigung. Wo findet der Hund das eigentliche Geruchsfeld, wie und wo entwickelt sich dieses leitende Geruchsfeld? Ist der offene Fang in einigen Situationen eventuell sogar erforderlich?
Zu diesen Fragen konnte ich als Spürhundführer in verschiedenen Spürhundbereichen erstaunliche praktische Erfahrungen sammeln, welche die oben beschriebene Vorstellung einer Fährtenarbeit komplett in Frage stellen.
Lassen Sie einen Menschen an einer schwach duftenden Blume und danach an einem Gefäß mit Pfeffer riechen. Sie werden feststellen, dass sich ein Mensch mit seinem vergleichsweise unterentwickelten Riechorgan die Freiheit nimmt, die Nase förmlich in die Blüte der Blume zu stecken, während er z.B. vom Pfeffer einen respektvollen Abstand hält. Hält er diesen Abstand nicht, erfährt sein Riechorgan eine Reizüberflutung und wird vorübergehend außer Kraft gesetzt.
Einen Hund zwingt man mit der Nase an den Boden weil das Schema es so verlangt, ohne letztendlich die Möglichkeiten und Grenzen seiner Riechleistung bestimmen zu können.
Diese Abweichung in die Fährtenarbeit sollte an nur einem von sehr vielen Beispielen zeigen, wie leichtfertig der Mensch auf den Hund mit zum Teil erheblichem Zwang einwirkt, ohne über die Hintergründe eines angeblichen Fehlverhaltens nachzudenken.

Zeigt der Hund also aus der Sicht des Menschen in der Ausbildung ein nicht erwünschtes Verhalten, so muss zunächst darüber nachgedacht werden, an welcher Stelle wir den vorgegebenen Übungsschritt für den Hund unverständlich erklärt haben. Der Fehler liegt immer bei uns. Der Hund arbeitet nur für seine Triebbefriedigung. Ihm ist es völlig fremd, zu lügen oder zu trotzen.

Konsequenz

Bei diesem Begriff treffen wir wieder auf sehr unterschiedliche Definitionen, obwohl er unter Hundeführern als ein feststehendes Grundelement im Bereich des Umgangs mit dem Hund steht.
Leider wird hierunter nur zu häufig das Durchsetzen von geforderten bzw. das Unterlassen von verbotenen Verhaltensweisen mit allen Mitteln verstanden. Daher treffen wir meist auf die Definition:

Konsequenz = Zwang

Die Definition auf diesen Nenner zu bringen, kann nicht richtig sein.
Wenn ich in diesem Buch von Konsequenz spreche, meine ich damit, dass unerwünschte Verhaltensweisen durch den Hund **nicht zum Erfolg** führen dürfen.
Ausschließlich dies ist zunächst mit dem Begriff Konsequenz gemeint. Wie sich Konsequenz durch den Hundeführer auswirkt, richtet sich grundsätzlich nach der jeweiligen Situation.
Hierbei kann es selbstverständlich auch zu Zwangsmaßnahmen gegen den Hund führen, was aber **nicht** von vornherein zu dem Schluss führen darf, dass Konsequenz mit dem Begriff „Zwang“ gleichzusetzen ist.

Können Hunde denken ?

Die Beantwortung dieser Frage ist eine wichtige Grundlage vor dem Beginn einer Ausbildung, um einschätzen zu können, welche Leistung einem Hund abverlangt werden kann.
Lange hielt sich der Mensch für das einzige denkfähige Lebewesen dieser Erde.
Eine Vielzahl wissenschaftlicher Untersuchungen beweisen aber bereits seit langem, dass auch Tiere denken können.
Sie verfügen nicht über eine Intelligenz, die mit der des Menschen vergleichbar wäre, aber der Hund ist in der Lage, einfachere Denkprozesse (kein planvolles Denken) durchzuführen.
An dieser Stelle soll stellvertretend an nur einem Beispiel erläutert werden, dass Hunde zu einfachen Denkprozessen fähig sind.

Ein Hund soll erlernen, auf das Hörzeichen „Sitz“ wunschgemäß zu reagieren. Dazu wird der Hund mit einem Beutestück oder einem besonderen Leckerchen (je nach Triebveranlagung des Tieres) aufmerksam gemacht. Der Reiz auf das Motivationsobjekt wird durch entsprechende Bewegungsreize verstärkt.
Unmittelbar bevor der Hund das Zielobjekt erreichen kann, wird es fortgezogen (also mit weiterem Reiz versehen) und so gesperrt, dass es für ihn gerade **nicht** zu fassen ist. Der Hund erkennt, dass dieses Verhalten nicht zum Erfolg führt.
Zur Erreichung seines Zieles beginnt er, alternative Verhaltensweisen in **wahlloser Folge** anzubieten. Dazu gehören u.a. das Bellen, Umherspringen, Anspringen der Person, sich hinlegen .

Solche Verhaltensweisen stellen bereits eine einfache Form von Denkfähigkeit dar.

Leitet der Hund zufällig das erwünschte Verhalten ein, wird dieses mit der Freigabe des Beutestückes unter gleichzeitigem Einsatz des Hörzeichens „Sitz“ bestätigt.
Die Übung wird mehrfach wiederholt, wobei zu erkennen ist, dass der Hund immer schneller und sicherer zum gewünschten Verhalten kommt.
Der Hund hat über einen **Denkprozess** „gelernt“.

Verschiedene Ergebnisse auf der Grundlage derartiger Lernvorgänge (z.B. „Sitz“ und „Laut“) lassen sich in einer erweiterten Übung miteinander verknüpfen.
Wenn nun feststeht, dass es sich bei Hunden um „denkfähige“ Mitgeschöpfe handelt, darf diese Fähigkeit nicht ignoriert werden.
Sie muß in einer planmäßigen Ausbildung entsprechende Berücksichtigung finden.

Zwang

Obwohl der Zwang für jeden Hundeführer einen feststehenden Begriff darstellt, existiert keine einheitliche Definition.
Viele Hundeführer sprechen daher auch erst von „Zwang“, wenn bereits erhebliche körperliche Einwirkungen gegen den Hund erfolgen.

Zwang beginnt aber bereits wesentlich früher, denn Zwang ist nicht grundsätzlich gleichzusetzen mit dem Begriff „Strafe“.

Ich persönlich teile den „Zwang“ in mehrere Stufen mit einer großen Bandbreite von Übergangsschritten ein. Als grobe Unterteilung wähle ich den „Subtilen Zwang“, den „leichten Zwang“, Übergangsbereiche vom leichten zum starken Zwang und den eigentlichen „Starkzwang“.

Nur wer eine Einstufung von „Zwang“ in der vorgenannten oder in einer abgewandelten Weise vornimmt, ist sich in der Ausbildung bewusst, in welcher Stufe der Zwangsanwendung er sich gerade aufhält, und in welchen Bereich er mit der nächsthöheren Zwangsmaßnahme überwechselt.
Durch dieses Bewusstsein kann der **schleichend** steigenden Spirale der Gewaltanwendung entgegengewirkt werden.

Subtiler Zwang

Hierunter ist die leichteste Form von Zwang zu verstehen. Es handelt sich um Zwang **ohne** körperliche Einwirkung.

Beispiel:

Ein Hund soll gegen seinen Willen ein kleines Hindernis überwinden. Er wird mit Futter oder einem Spielgegenstand aufmerksam gemacht.
Durch bauliche Veränderungen hat der Hund nur die Möglichkeit an dieses Futter /Spielzeug zu gelangen, indem er das Hindernis überwindet. Der Reiz wird verstärkt, bis das gewünschte Verhalten erreicht wird.
Es handelt sich also um das „zwangsweise“ Erreichen gewünschter Verhaltensweisen gegen den Willen des Hundes, ohne körperlich auf ihn einzuwirken.

Leichter Zwang

Der „leichte Zwang“ beginnt mit dem Einsatz der Stimme als „verbales Zwangsmitttel“ (ohne körperliche Einwirkung) . Der Hund erfährt so bereits die geringste Art einer **Strafe** .
Wird zur Erreichung eines gewünschten Verhaltens in leichter Weise (Ziehen an der Leine, Druckausübung mit

der Hand, Hochheben des Hundes auf ein Hindernis, den Hund gegen seinen Willen auf eine Treppenstufe setzen u.v.m.) körperlich auf den Hund eingewirkt, so handelt es sich um „leichten Zwang“ mit körperlicher Einwirkung.

Übergangsformen

Sie beginnen mit den Mitteln des „leichten Zwangs“, wenn diese stufenlos in ihrer Stärke angezogen werden.
Dabei werden u.a. auch Hilfsmittels wie Stachelhalsbänder oder Elektroreizgeräte auf kleiner Stufe eingesetzt.
Die Gefahr liegt darin, dass die Übergänge fließend sind, und eine klare Abgrenzung nur schwer möglich ist.
Die Übergänge reichen bis in den eigentlichen Starkzwang.
Die „Übergangsform“ beinhaltet den größten Bereich der Zwangsanwendung. Ich vermeide es bewusst, hier von „mittlerem“ oder „normalem“ Zwang zu sprechen, um dem Eindruck vorzubeugen, dass irgendein Zwangsbereich zum **normalen** Umgang mit dem Hund gehört.
Sollte der Zwang auch in verschiedenen Situationen erorderlich sein, so muss jedem Hundefüher bewusst sein, dass es sich um eine Abweichung vom normalen Umgang mit dem Hund handelt.

Starkzwang

Meist verkörpert der Starkzwang bereits den Bereich der „Brutalität“, und sollte möglichst keine Anwendung finden. Hierbei kommt es vorrangig durch den Einsatz verschiedener Hilfsmitteln zu nachhaltigen Schädigungen/Verletzungen des Hundes.

Diese Art von Zwang ist zur Erreichung sportlicher Ziele grundsätzlich abzulehnen (Tierschutzgesetz und ethische Verpflichtung des Menschen gegenüber dem Hund).
Auch bei der Ausbildung von Diensthunden muß unbedingt vor der Anwendung von Starkzwang die Verhältnismäßigkeit der Mittel beachtet werden. Hier muß der Hundeführer entscheiden, welche Zwangsmaßnahmen er noch vertreten kann, und wann er die weitere Ausbildung abbricht.

Den Zwang als nur einen Oberbegriff ohne Unterteilungen zu sehen, halte ich für nachlässig. Dies birgt die Gefahr, dass schleichende Übergänge in einen stärkeren Bereich unbemerkt hingenommen werden.
Wer bereit ist, den Zwang in verschiedene Bereiche einzuteilen, denkt bei der Ausbildung seines Hundes eher darüber nach, in welchem „Zwangsbereich" er sich jeweils befindet. Somit kommt auch eher die Frage nach der Notwendigkeit auf.

Auswirkungen von Zwang bei der Junghundaufzucht

Oft wird gerade bei noch jungen Hunden behauptet, dass sie nach zunächst erfolgreicher Triebförderung in ein sogenanntes „Loch" gefallen sind, obwohl sie noch **keinen Zwang** erfahren haben.
Gemeint sind hiermit regelmäßig starke Einwirkungen in der jüngsten Vergangenheit., ohne die Summe der vielen vorausgegangenen kleinen Einwirkungen zu berücksichtigen.
Aus dem Ergebnis wird oft gefolgert, dass mit jungen Hunden noch nicht gearbeitet werden darf.
Diese Aussage ist falsch.
Gerade bei der Arbeit mit jungen Hunden muss aber unbedingt zwischen „Förde-

rung von vorhandenen Triebveranlagungen“ und „Ausbildung“ unterschieden werden.

> ***Wichtig:***
> **Die angemessene Förderung eines Hundes ist niemals schädlich und kann nicht zu früh begonnen werden.**
> **Eine Ausbildung ist oft mit verschiedenartigen Zwängen behaftet, und kann insbesondere einen jungen Hund negativ prägen.**

Der wichtigste Grundsatz bei der Junghundarbeit heißt: **Angemessene Förderung** schadet niemals und führt zu beachtlichen Leistungen, die den Hund nicht belasten.

Ausbildung bringt ab einem gewissen Punkt immer wieder leichte und stärkere Zwänge mit sich, die sich besonders bei jungen Hunden negativ auswirken können. Grundsätzlich ist festzustellen, dass Hunde, und gerade junge Hunde auf stärkere Zwänge sofort und nachhaltig reagieren. Der Hund kann durch Ausnutzung seiner Triebveranlagung in der Regel wieder „aufgebaut“ werden, wodurch der Anschein vermittelt wird, dass die Einwirkung keine Spuren hinterlassen hat.

Doch jeder Zwang, auch der leichte Zwang, wird nachhaltig registriert .

Die Erfahrungen werden gespeichert. Wenn niemand mehr damit rechnet und der Ursprung längst vergessen wurde, reicht eine Kleinigkeit, das Fass zum Überlaufen zu bringen.

Plötzlich zeigt der Hund ein Verhalten, dass nur mit einer stärkeren Zwangsmaßnahme begründet werden könnte, die der Hund aber tatsächlich gar nicht erfahren hat.

Der Ursprung ist aber in vielen kleinen Einwirkungen aus verschiedenen zurückliegenden Situationen zu suchen.

Ein Vergleich bei Menschen ist die Reaktionen auf Dauerstress, wobei die täglichen kleinen Stresseinheiten gar nicht mehr als Stress empfunden werden. Irgendwann ist eine Kleinigkeit der Auslöser für eine ernsthafte, stressbedingte Krankheit.

Ausbildung und Tierschutzgesetz

Der Hund ist aufgrund seiner trieblichen Veranlagungen zu erstaunlichen Leistungen fähig.
Blindenhunde, Polizeidiensthunde, Rettungshunde sowie Sporthunde sind aus unserem täglichen Leben nicht mehr fortzudenken.
Um die vielfältigen Fähigkeiten unserer Hunde in Anspruch nehmen zu können, müssen ihre vorhandenen Triebveranlagungen gefördert und entsprechend genutzt werden.
Mit der **„Ausbildung“** von Hunden übernimmt der Mensch eine besondere ethische Verpflichtung gegenüber seinem Mitgeschöpf -HUND- .

Damit der Hund auch wirklich **„Unser bester Freund“** bleibt, sollte jede Ausbildung mit unserem Tierschutzgesetz konform gehen.
Einschränkungen, die durch das Gesetz zulässig sind, müssen vor Beginn einer Ausbildung durch den Hundeführer/Hundeausbilder auf ihre **Erforderlichkeit** hin unter Anlegung engster Maßstäbe überprüft werden.
Bevor Hunde mit Zwängen belegt werden, müssen alternative Möglichkeiten geprüft werden.

Zur Erreichung sportlicher Ziele dürfen Hunden keine Schmerzen zugefügt werden.

Im Bereich der Diensthunde stoßen wir jedoch auf übergeordnete Rechtsgüter, zu deren Schutz Zwänge (Schmerzen) im Bereich der Ausbildung in einzelnen

Ausbildungsphasen nicht immer vermeidbar sind.
Sobald die Umgehung oder Verminderung von Zwang (Schmerzen) durch alternative Ausbildungsmethoden möglich erscheint, besteht für **jeden** Hundeführer die Verpflichtung gegenüber seinem Tier und dem Tierschutzgesetz, diese Möglichkeiten zu nutzen.
Immer häufiger kommt es leider auch zum Einsatz von Elektroreizgeräten. Die wenigsten Benutzer sind jedoch in der Lage, diese Geräte **„richtig"** anzuwenden. Die Einstellung, dass der Einsatz dieser Geräte zu empfehlen ist, der Anwender die Bedienung aber durch intensive Erfahrung zunächst erlernen muss, halte ich für sehr bedenklich.
Das Erlernen der Bedienung technischer Geräte ist zwangsläufig mit Fehlern verbunden. Begangen werden diese Fehler am Mitgeschöpf Hund.
Darüber hinaus begünstigen diese Geräte den schleichenden Übergang in stärkere Zwangsbereiche. Durch einen kleinen Bedienungsschritt wird das Gerät auf die nächsthöhere Stufe eingestellt.
Auch wenn der Anwender den Einsatz von Elektroreizgeräten beherrscht, bleibt die Frage, ob die Nutzung dieses Hilfsmittels ethisch und ethologisch vertretbar ist.
Da in verschiedenen Einsatzbereichen Hunde zum „Verbellen" ausgebildet werden, und dabei oft ein Hundeleben lang z.T. erheblichster Zwang (Schmerz) ausgeübt wird, habe ich die in diesem Buch vorgestellte alternative Verbellmethode erarbeitet.

Welche Voraussetzungen werden für die Umsetzung der gewaltfreien Verbellmethode an den Hund gestellt ?

Wie in der Einleitung bereits angeführt, unterscheiden wir zunächst zwischen den Begriffen **„Erziehung“** und **„Ausbildung“.**

Während jeder Hund erzogen werden muss, wird für eine „Ausbildung“ eine Mindestanforderung an die Triebveranlagung gestellt.
Wird diese Grundvoraussetzung nicht erfüllt, so stoßen wir in allen Ausbildungsbereichen sehr schnell an Grenzen und eine Ausbildung ist im dienstlichen wie im sportlichen Bereich nicht erfolgversprechend.
Im Idealfall arbeiten wir mit einem sozial geprägten, selbstbewussten und temperamentvollen Hund mit stark ausgeprägtem Spiel- und Beutetrieb.
Ist der Spieltrieb deutlich stärker ausgeprägt als der Beutetrieb, spricht dies nicht gegen eine Ausbildung nach dieser Verbellmethode. Die Ausführung der Verbellübung ist ebenso sicher wie die des beutestärkeren Hundes.
Im Ergebnis erhalten wir aber eine Verbellarbeit, die den (zumindest für einen Diensthund) erwünschten Ernst und Druck zum Helfer vermissen läßt.
Die ersten Erfahrungen bei der Umsetzung dieser Verbellmethode gehen auf Hunde mit völlig verschiedenen Voraussetzungen zurück.
Es handelte sich bei den jüngsten Hunden um Welpen aus der eigenen Zucht der Polizei des Landes NW im Alter ab ca. 10 Wochen bis zu ausgewachsenen Hunden, die gerade mit der Ausbildung begannen, bzw. mit denen bereits nach her-

kömmlichen Methoden gearbeitet wurde.
Im Bereich der Triebveranlagung handelte es sich um Hunde mit durchschnittlichem Spiel-und Beutetrieb (ohne Spürhundveranlagung auf Diensthunde bezogen) bis hin zu Tieren mit extrem stark ausgeprägtem Spiel- und Beutetrieb.
Hunde, mit denen bereits nach herkömmlichen Methoden gearbeitet wurde und dabei Probleme hatten oder sogar als nicht korrigierbar galten, können ebenfalls beachtliche Ergebnisse vorweisen.
Diese Unterschiedlichkeit der Hunde sorgte bereits in der ersten Phase der Umsetzung für umfangreiche Erkenntnisse.
Erstaunlich ist, dass die sehr verschieden veranlagten Hunde das System **ausnahmslos** sehr schnell erkannten und ähnlich schnell und sicher umsetzten.
Dies zog sich bis zum Ende der Verbellausbildung durch.
Alle Hunde konnte ich in verschiedenen Alters- und Ausbildungsstadien persönlich verfolgen und überwiegend selbst als Helfer kennen lernen.
Mit allen Hunde wurde **ohne** jede „Absicherung“ wie Leine, Stachelhalsband oder Stromeinsatz gearbeitet.
Mit nicht sicher einzuschätzenden bzw. problematischen Hunden wurde lediglich aus Sicherheitsgründen mit Beißkorb gearbeitet.

Für welchen Einsatzbereich kann die gewaltfreie Verbellausbildung Anwendung finden?

Bei jedem Hund der zum „Verbellen“ ausgebildet werden soll, kann dieses Verfahren Anwendung finden.
Auf die trieblichen Voraussetzungen wird im Kapitel

„Voraussetzungen..............“ eingegangen.
Bei der Planung der ersten Ausbildungsschritte sind unbedingt die Voraussetzungen des auszubildenden Hundes im Bezug auf Alter und Vorerfahrungen zu berücksichtigen.
Die Planung der einzelnen Ausbildungsschritte richtet sich weiterhin nach dem angestrebten Einsatzgebiet des jeweiligen Hundes.
Dabei unterscheiden wir im Wesentlichen

1. Hunde, die als „Rettungshunde“ eingesetzt werden sollen, und nicht zur Schutzdienstausbildung herangezogen werden.

2. Hunde, die sportlich geführt werden sollen.
Dies bedeutet beutebezogene (nicht gegen Personen gerichtete) Schutzdienstausbildung mit entsprechender Schutzkleidung.

3. Diensthunde, die eine zivil gekleidete Person durch „Bellen“ anzeigen und gegebenenfalls in eine Kampfhandlung gegen die Person überwechseln müssen. Entgegen dem Sporthund können die Verbellübungen des Diensthundes mit Beißkorb durchgeführt werden, um den Helfer zu schützen.
Für alle Einsatzgebiete beginnt die Grundkonditionierung zunächst gleich.
Im Verlauf der Ausbildung werden allerdings wesentliche Unterschiede deutlich.
Auf die Unterschiede wird in den jeweiligen Kapiteln entsprechend eingegangen.

Der Kreislauf von Zwang und Aufbauarbeit

Unter einer „Verbellübung“ wird das Aufsuchen einer Person verstanden, die der Hund seinem Hundeführer durch anhaltendes und druckvolles „Bellen“ anzeigt.

Die „Verbellübung" beinhaltet das Auffinden und Anzeigen einer Person, weist jedoch keine Schutzdienstelemente/Kampfhandlung auf.
Durch die Kombination mit Schutzdienstübungen wird das „Verbellen" von Hundeführern meist bereits als eine Schutzdienstaufgabe bezeichnet.
Dass Verbellübungen in der Ausbildung regelmäßig mit einer Kampfhandlung als Bestätigung abschliessen, hat jedoch einen völlig anderen Ursprung.
Hunde werden zur erwartungsgemäßen Ausführung dieser Übung oft mit derart starkem Zwang belegt, dass sie früher oder später ein entsprechendes Meideverhalten aufweisen. Damit der Helfer bei den nachfolgenden Übungen von einem derart beeindruckten Hund noch angenommen wird, bietet der Helfer zum Abschluss der jeweiligen Übung als „Bestätigung" eine Kampfhandlung an.

Bereits die ersten Aufbauschritte zu einer Verbellübung nach herkömmlichen Methoden sind überwiegend so angelegt, dass sie von Hunden in keiner Weise **verstanden** werden können.
Ein in der Beißarbeit entsprechend vorgearbeiteter Hund wird durch einen Helfer (mit Schutzkleidung versehen) angereizt. Hierbei wird das Triebverhalten des Hundes oft bereits so stark angesprochen, dass er auf leichte Korrekturen nicht mehr reagiert.
Weil bereits erwartet wird, dass der Hund in der Kampfhandlung sein Triebziel erkennt, wird er über mindestens eine Leine „abgesichert".
Er wird also aufgefordert, in ihm bislang vertrauter Weise in den angebotenen Beißarm zu beißen, bekommt aber unmittelbar vor dem Anbiß einen Schmerz über die Leine zugefügt.
Hier wird Zwang ausgeübt, bevor der Hund überhaupt wissen kann, was von ihm

verlangt wird. Der Hund hat in der Ausbildung bisher nicht gelernt, zwischen einem aktiven und einem stillstehenden Helfer zu unterscheiden. Hier wird dem Hund das Bild des passiven Helfers geboten, ohne dass er durch die erforderlichen Ausbildungsschritte auf diese Situation vorbereitet wurde.
Dies wird wiederholt, bis der Hund vor der Person sitzt und bellt. Jetzt könnte der Hund vielleicht etwas verstanden haben, aber der nächste Fehler folgt.
Der Hund zeigt nach diesen Erfahrungen früher oder später dem Helfer gegenüber ein Meideverhalten. Um diesem Verhalten frühzeitig entgegenzuwirken, wird ihm nach der Übung eine Kampfhandlung als Bestätigung angeboten.
Somit erkennt der Hund fälschlicher Weise die Kampfhandlung erneut als sein Triebziel in der Verbellübung an.
Der Hund führt die „Verbellübung“ somit lediglich aus, um zu der folgenden Kampfhandlung zu gelangen.
Einwirkungsempfindliche und weniger triebstarke Hunde erreichen das erwünschte Ziel bereits nach einigen relativ geringen Einwirkungen. Je stärker jedoch die Triebveranlagung eines Hundes ausgeprägt ist, umso schwieriger gestaltet sich die „Absicherung“. Bei triebstarken Hunden kommt es somit bereits in dieser frühen Phase der Ausbildung zu Einwirkungen, die zum Teil mit erheblichen Schmerzen verbunden sind.

An dieser Stelle beginnt bereits der nie endende Kreislauf von Gewalteinwirkung und nachfolgenden Aufbaumaßnahmen.
Zeigt der Hund nun das gewünschte Verhalten und die Übung wird so sicher beherrscht, dass Zwangsmittel stückweise zurückgenommen werden können, wird zunächst davon ausgegangen, dass der Hund be-

griffen hat, was von ihm verlangt wird.
Zunächst werden die Entfernungen und die Lagebilder verändert. Die Leinenabsicherung und soweit erforderlich die Einwirkungen bleiben erhalten.
Ist die Ausbildung soweit fortgeschritten, dass auf größere Entfernungen gearbeitet wird, ist eine Absicherung über die Leine nicht mehr zu gewährleisten.
Um jetzt noch auf den Hund einwirken zu können, muss auf andere Hilfsmittel zurückgegriffen werden.
Gelegentlich wirkt der Helfer mit verschiedensten Hilfsmitteln auf den Hund ein, wodurch dieser völlig verunsichert wird. Er findet keine stillstehende Person mehr vor, sondern eine aktive Person, die lediglich nach heftigen Einwirkungen ein deutlich erkennbares Meideverhalten durch den Hund erreicht.
Diese Art der Ausbildung muss völlig abgelehnt werden.
Immer häufiger kommt es aber zur „Absicherung“ auf Entfernung durch den Einsatz von Elektroreizgeräten, deren Handhabung aber nur sehr wenige Hundeführer beherrschen.
(siehe Kapitel „Ausbildung und Tierschutz“)
Gleichgültig auf welche Weise die „Absicherung“ erfolgt, die Übungen werden regelmäßig mit einer Kampfhandlung abgeschlossen.

Der Hund wird also erneut mit einem falschen Triebziel konfrontiert. Je triebstärker und erfahrener der Hund ist, desto eher wird er die letzte Phase der Übung, die Kampfhandlung vorverlegen wollen. Er wartet nicht mehr bis nach einer gewissen Verbelldauer der Kampf durch den Helfer eingeleitet wird, sondern er verlagert sein Triebziel vor und nimmt den Kampf selbständig auf.
Als Folge kommt es im Rahmen der Absicherung wieder zu Einwirkungen.

Auf die Stärke der anfänglich eingesetzten Zwangsmittel wird der Hund nicht mehr reagieren. Die Einwirkungen werden zwangsläufig immer stärker.
Reichen härteste Einwirkungen mit Stachelhalsbändern und bei Stromgeräten die höchste Stufe irgendwann nicht mehr aus, sind die Möglichkeiten des Hundeführers zunächst erschöpft.
Die Notwendigkeit dieses ständigen Wechsels von Strafe und Aufbau durch Kampf zeigt sehr deutlich, daß ein so vorbereiteter Hund **NICHTS** verstanden hat. Er reagiert nur zur Vermeidung weiterer Schmerzen **vorübergehend** mit dem gewünschten Verhalten.
Viele triebstarke Hunde können dem z.T. extrem starken Zwang nicht standhalten. Sie sind dauerhaft gebrochen und verfallen in ein nicht mehr regulierbares Meideverhalten.

Andere Hunde setzen den Schmerz in Aggression nach vorne gegen den Helfer oder gegen den eigenen Hundeführer um. Diese Hunde werden dann als nicht händelbar eingestuft, und schlimmstenfalls eingeschläfert.
Aus einer angestrebten **„Verbellübung“** wurde somit ein angelerntes **„Meideverhalten“**.
Eine planvolle und artgerechte Kommunikation zwischen Mensch und Hund ist nicht erfolgt.

Begrenzung oder Förderung der Triebveranlagungen ?

Verschiedentlich wird die Auffassung vertreten, dass das Triebverhalten eines Hundes bereits in der Aufzucht frühzeitig begrenzt werden sollte, bzw. dass Hunde ab einer bestimmten Triebstärke für eine Verbellausbildung nicht mehr herangezogen werden können.

Beides halte ich für vollkommen falsch.

Soll ein Hund zu einer Ausbildung herangezogen werden, so sollten die dazu nutzbaren, angeborenen Triebe unbedingt in vollem Umfang gefördert werden.

Die so geförderten Triebveranlagungen müssen lediglich auf artgerechte Weise zur Erreichung der angestrebten Ausbildungsziele genutzt werden.

Je höher die triebliche Veranlagung eines Hundes, um so arbeitsfreudiger zeigt er sich in der Ausbildung.

Hundeausbilder müssen lediglich über Konzepte nachdenken, die von Hunden **verstanden** werden können.

Durch die gewaltsame Begrenzung angesprochener Triebe wird der Hund in einen Zustand versetzt, in dem er nicht mehr ansprechbar ist . Er ist also nicht mehr aufnahmefähig und kann Einwirkungen nicht mehr einordnen.

Wenn in dieser Situation zusätzlich weiterer Zwang gegen den Hund ausgeübt wird, ist vorläufig keine Kommunikation zwischen Mensch und Hund mehr möglich.

Der Hund kann in dieser Situation nur noch gebrochen, aber nicht mehr ausgebildet werden.

Gewaltfreie Verbellmethode unter Ausnutzung von Spiel- und Beutetrieb

> ***Wichtig:***
> **Alle nachfolgend beschriebenen Ausbildungsschritte erfolgen ohne Sicherungsmittel mit dem nicht angeleinten Hund !!!**

Aufbauschritte zur Verbellübung

Eine Hundeausbildung völlig ohne Zwang ist aus meiner Sicht nicht möglich.
Deshalb spreche ich bei dieser Methode nicht von einer Ausbildung ohne Zwang, sondern vom „gewaltfreien Weg zum Verbellen“ (siehe Kapitel „Zwang“).
Alle beschriebenen Schritte und deren Reihenfolge dürfen nicht als Schablone verstanden werden, sondern müssen dem jeweiligen Hund entsprechend seines Alters, seiner Triebveranlagung, seiner Vorerfahrungen und seines Auffassungsvermögens angepasst werden.
In den folgenden Erläuterungen spreche ich stets von einem „Beutestück“.
Die Anforderung an ein geeignetes Beutestück besteht **nur** in seiner Handlichkeit bei der Arbeit und in der Akzeptanz durch den auszubildenden Hund.

Somit kann es sich dabei um eine Beißrolle mit oder ohne Schlaufe, einen Tennisball oder einen anderen geeigneten Gegenstand handeln.
Die Ausbildung mit Futter ist ebenfalls eine gute Möglichkeit, ich halte sie aber nicht dauerhaft für empfehlenswert. Ein Polizei- oder Rettungshund kann nicht in Erwartung eines Einsatzes ständig hungrig gehalten werden. Ebenso ist die starke Geruchsentwicklung mit möglichen Fehlverknüpfungen bei Futter zu berücksichtigen.

> ***Wichtig:***
> **Bezogen auf die nachfolgende Beschreibung der Ausbildungsschritte ist es besser, einen weiteren Zwischenschritt in einen Übungsaufbau einzufügen, als einen Aufbauschritt zu überspringen.**

Sollte der Hund einen neuen Ausbildungsschritt fehlerhaft ausführen, so wird der vorausgegangene, bereits sicher beherrschte Schritt zunächst wiederholt. Der neue Schritt war offensichtlich zu groß gewählt. Dieser neue Schritt wird nun in mehrere Teilschritte unterteilt, die jeweils bis zur sicheren Beherrschung wiederholt werden.

Der begangene Fehler wird nicht bestraft.

Hörzeichen

Hörzeichen können bereits mit Beginn der ersten Übung eingearbeitet werden, bevor der Hund erlernt hat, was mit diesem Hörzeichen von ihm verlangt wird. Er kann dieses Hörzeichen also noch gar nicht einordnen.

Hier kommt es zunächst nicht auf das Hörzeichen selbst an, sondern auf die **unterstützende** Tonlage.

Unterstützend heißt, das Hörzeichen darf nicht zum Befehl oder Kommando werden, ähnlich wie bei einem Suchspiel mit kleinen Kindern, bei dem sie einen versteckten Gegenstand suchen sollen. Kommt ein Kind in den näheren Bereich des gesuchten Gegenstandes oder entfernt es sich von ihm, so helfen wir mit freundlicher und unterstützend anspornender Stimme jeweils mit den Worten „heiß“ oder „kalt“.

Mit dem gleichen stimmlichen Instrument helfen wir dem Hund, wenn er versuchsweise ein erwünschtes oder unerwünschtes Verhalten **einleitet**. Zu bestätigen ist die Einleitung, nicht erst die Ausführung eines Verhaltens, denn bevor es zur erwünschten präzisen Ausführung kommt, kann der Hund bereits zum nächsten Verhalten übergehen. Wir wollen ihm aber frühzeitig sagen:

„Du bist auf dem richtigen Weg“!

Dadurch wird nicht wie oft behauptet, ein unkorrektes Verhalten bestätigt, welches

einer späteren präzisen Ausführung der Übung entgegenwirkt, sondern es beschleunigt den Lernvorgang des Hundes erheblich. Auf diese Weise wird der Hund in seinem Lernverhalten wesentlich sicherer und ruhiger.
Wird ein Hundeführer ungeduldig und äußert dies in seiner Stimmlage oder verfällt gar in einen Befehlston, wird ein lernender Hund durch solche Hörzeichen nicht unterstützt, sonder verunsichert.
In diesem Fall sollte besser in der ersten Lernphase völlig auf ein Hörzeichen verzichtet werden. Es wird dann erst später in die ausschließlich durch Beutebestätigung erlernte und gefestigte Übung eingeflochten.

Die Bestätigung

Die Bestätigung ist ein wesentlicher Teil der Methode. Zunächst wird das Beutestück offen sichtbar vor den Körper gehalten und bei Bedarf mit dem Handrücken leicht verdeckt. Bald ist festzustellen, dass einige Hunde nachdem sie schon recht sicher gearbeitet haben und ihre Bestätigung immer in „Sitz/Laut-Stellung" erwartet haben, vorprellen, und sich ihre Bestätigung selbständig holen wollen. Dabei kann es vorkommen, dass der Hund nach einer Hand schnappen will, um an das Beutestück zu kommen. Dies ist kein Angriff gegen die Person, sonder der Versuch einer Problemlösung, um das Beutestück zu erreichen.

Wie kommt es zu diesem Verhalten?

Hier geschieht nichts anderes, als bei den meisten Hunden, die nach anderen Methoden ausgebildet wurden. Je triebstärker der Hund

ist, um so eher neigt er zu einer Vorverlagerung seiner Triebbefriedigung.
Nun wird erkennbar, warum bei dieser Ausbildungsmethode mit einem handlichen Beutestück statt mit einem Beißarm gearbeitet wird. Der Beißarm ist einfach zu groß, um an der Person vor dem Hund verborgen zu werden. Er wird zwangsläufig immer an der gleichen Stelle vor dem Körper angeboten und stellt ein ständig gut sichtbares Reizmittel für den Hund dar.

Der Hund wird zu einem Fehlverhalten verführt!

Verstärkt wird dieser Fehler zusätzlich, wenn die Bestätigung des sicheren Verbellens durch eine Beißhandlung mit diesem Beißarm erfolgt.
Ein Tennisball oder eine Beißrolle können ohne Probleme vor dem Hund verborgen werden. Nachdem der Hund also begriffen hat, wie das Prinzip „Bellen-Bestätigen“ zusammenhängt, müssen wir ihm das Beutestück immer von einer anderen Körperstelle her zuspielen.
Halten wir das Beutestück zunächst vor den Bauch, ist bei einer anderen Übung die vordere Hand leer, und die Bestätigung erfolgt aus der Hand, die jetzt hinter dem Rücken verborgen ist. Mal steckt die Beute unter der Axelhöhle, mal im Hosenbund. Mal erfolgt die Bestätigung aus Kopfhöhe, mal zwischen den Beinen her.
Die Vielzahl der Varianten erkennt der Hund recht schnell. In der Befürchtung, das Beutestück nicht rechtzeitig genug zu erkennen, hält der Hund jetzt selbständig einen entsprechenden Abstand zur Person und fordert durch Vor-und Rückwärtsbewegung zur Herausgabe der Beute auf.
Erfolgen zu viele Bestätigungen aus dem Rückenbereich heraus, so beginnt der Hund bald den Helfer zu umkreisen.

Wenn mit dem Beutestück ständig von einer anderen Körperstelle her bestätigt wird, fixiert der Hund nicht nur die Hände, sondern die gesamte Person.

Bei Bedarf wird die Aufmerksamkeit des Hundes in der Aufbauarbeit durch **leichte** Spannung im Beutestück entsprechend erhöht. Die Bestätigung erfolgt durch Zuwerfen des Beutestückes.

Niemals sollte das Beutestück in eine Tasche, ein Hemd oder eine Jacke gesteckt werden, da das Hervorholen zu langsam und aufwendig sein kann. Hat der Hund dies nur wenige Male erfahren, kann er schnell dazu neigen, Kleidungsstücke selbst zu durchsuchen. Dies führt zu nachhaltigen Fehlverknüpfungen und kann insbesondere bei ausgewachsenen und besonders triebstarken Hunden zu Verletzungen des Helfers führen.

Wichtig:
Die Bestätigung mit dem Beutestück geschieht aus einer ständig wechselnden Position.

In dieser Phase kann über die Bestätigung bereits beeinflusst werden, wie nah der Hund später an der Person verbellen soll.
Während des typischen Aufforderungsbellens durch Vor- und Rückwärtsbewegungen des Hundes erfolgt die Bestätigung regelmäßig in der Entfernung zur Person, die später in der Verbellübung eingehalten werden soll.
Muss der Hund für Sportzwecke dicht vor dem Helfer verbellen, wird in dem Moment bestätigt, wenn der Hund aus einer Vorwärtsbewegung dicht vorsitzt. Soll er noch näher vorsitzen, kann dies durch leichten Reiz mit dem Beutestück bei entsprechender Körperspannung unterstützt werden.
Wird ein Diensthund ausgebildet, so wird in einer Rückwärtsbewegung des Hundes bestätigt.
Der Abstand zur Person kann durch Hilfen (nicht durch Leine o.ä.) noch vergrößert werden. Durch das rechtzeitige, energische Hörzeichen „Sitz, Laut“ bei gleichzeitigem Weisen mit der Hand wird der Hund veranlasst, in gewünschter Entfernung zu verbellen.

Sitzt der Hund zu nah vor der Person (**eigene** Hundeführerin), wird er mit Sicht- und Hörzeichen auf die gewünschte Distanz dirigiert. Die Bestätigung mit dem Beutestück erfolgt erst nach Erreichen des gewünschten Abstandes. Mit den Wiederholungen benötigt der Hund immer weniger Korrekturen.

Reicht der Abstand noch nicht aus, bewegt sich der Hundeführer leicht auf den Hund zu und dirigiert ihn ruhig aber bestimmt mit weiteren Handzeichen und mit stimmlicher Unterstützung (z.B.: „zurück, zurück") nach hinten. So wird der Abstand auf die gewünschte Entfernung verändert, worauf die Bestätigung mit dem Beutestück folgt.
Diese Korrektur erfolgt auf kurze Distanz, ohne das Triebverhalten des Hundes unnötig zu erhöhen. So bleibt der Hund für die Korrektur ansprechbar und aufmerksam.
Jede Übung muss auf artgerechte Weise so gestaltet werden, dass sie von dem auszubildenden Hund verstanden werden kann. Hunde neigen nicht zu Trotz oder vorsätzlichen Fehlern !
Verschiedene separat erlernte Teilschritte, können später situationsbezogen miteinander verknüpft werden.

Wird in einem weiteren Ausbildungsschritt die Aufgabenstellung verändert und der Hund begeht **aus unserer Sicht** einen Fehler, so muss in einer Wiederholung die Aufgabe soweit abgeändert werden, dass der Hund sein erlerntes Grundmuster wiedererkennen kann.

Beginn der Ausbildung

Alle folgenden Ausbildungsschritte beinhalten für den Hund positive Erfahrungen und fördern seinen Spiel- und Beutetrieb. Komplett verzichtet wird auf das Element der körperlichen Einwirkung bzw. auf Zwänge in Form von Strafen.
Daher kann diese Form der Ausbildung bereits mit dem Welpen begonnen werden, der sich gerade nach der Übernahme an seine neue Umgebung und seine neue Bezugsperson gewöhnt hat.
Die Übungsschritte für junge wie für ausgewachsene

Hunde sind im wesentlichen gleich.
Die Erläuterung der Ausbildungsschritte ist in den folgenden Beschreibungen abgestimmt auf Hunde, die noch keine Ausbildung erfahren haben. Weiß der Hund die jeweiligen Hörzeichen bereits sicher einzuordnen, können die entsprechenden Vorbereitungsschritte abgekürzt werden.

Der 1. Schritt

Der frei laufende Hund hält sich im Nahbereich (ca.2-3m) seines Hundeführers auf. Der Hundeführer macht den Hund auf sich aufmerksam, und lockt ihn mit einem besonderen „Leckerchen" (Fleischwurst o.ä.) oder mit einem Beutestück zu sich heran.
Der Hundeführer hält das Leckerchen (Beutestück) mit viel Körperspannung so vor seinen Körper, das es zwar für den Hund erreichbar erscheint, aber nicht tatsächlich erreicht werden kann. Das Ziel muss so knapp wie möglich erscheinen. Hierbei wird der Hund mit dem **freundlich** ausgesprochenen Hörzeichen „Laut" unterstützt.
Der Hund erkennt schnell, dass sein Ziel nah erscheint, aber (auch durch Anspringen) nicht erreicht werden kann.
Er beginnt über Alternativen „nachzudenken".
In planloser Folge bietet der Hund nun verschiedene Verhaltensweisen wie Hochspringen, Kreisen, Vor- und Zurückspringen und irgendwann das von uns erwünschte Bellen an, um zu seinem angestrebten Erfolg zu gelangen. Beim ersten Ansatz eines Bellversuches wird der Hund sofort durch Zuwerfen des Leckerchens (Beutestückes) und kräftiges Lob bestätigt. Die Übung wird sofort wiederholt. Der Hund wird vielleicht erneut verschiedene Verhaltensweisen anbieten, aber schon viel

schneller als zuvor zum erwünschten „Bellen“ finden. Nach einigen Wiederholungen kann man den Hund bereits 2-3mal bellen lassen und dieses Verhalten dann langsam ausweiten.

> ***Wichtig:***
> **Der erste <u>Versuch</u> und <u>nicht</u> die erste korrekte Ausführung wird bestätigt.**

Der Hund testet zunächst nur kurz an, ob sein angebotenes Verhalten zum Erfolg führt. Tritt der Erfolg nicht ein, so wechselt er in zufälliger Folge zu einem anderen Verhalten über. So kann es eine Weile dauern, bis das gewünschte, zuvor bereits ansatzweise angebotene aber erfolglose Verhalten erneut angeboten wird. Das Interesse des Hundes lässt nach, bevor unser angestrebtes Ziel erreicht ist.
Der Hund hat nun gelernt, nach Aufforderung durch den Hundeführer zu bellen. Bei der Ausweitung der Übung wird das Hörzeichen „Laut“ weiterhin nicht als Befehl, sondern erkennbar als Unterstützung eingebracht.
Wurde bis hierher mit „Leckerchen“ gearbeitet, wird dies in den folgenden Schritten bei zunächst **gleich** angelegten Übungsabläufen durch ein Beutestück ersetzt.
Bellt der Hund nun anhaltend (ca. 6-10 mal), wird er im nächsten Schritt von einer zweiten Person festgehalten (hierzu kann der Hund an einer Leine gehalten werden), während der eigene Hundeführer sich einige Meter entfernt. Dabei wird der Hund mit einem Beutestück durch viel Bewegungsreiz trieblich angesprochen.
Ist der Hundeführer stehengeblieben, wird der Hund in Verbindung mit einem Hörzeichen (z.B. „Revier“ oder „Voran“) losgelassen, und darf zu seinem Hundeführer laufen. Hier wird er mit dem Hörzeichen „Laut“ unterstützt und soll vor seinem Hundeführer bellen.

Das gesperrte Beutestück wird zur Verstärkung des Reizes gegebenenfalls kurz gezeigt und wieder verdeckt /gesperrt. Zunächst wird der Hund durch Anspringen versuchen, das Beutestück zu erreichen.

> *Wichtig:*
> **Dieses Verhalten wird nicht unterbunden, sondern führt lediglich nicht zum Erfolg.**

Wenn der Erfolg ausbleibt, setzt bald die Erinnerung an das Erlernte ein. Der Hund beginnt zu bellen, und wird sofort durch Zuspielen des Beutestückes bestätigt.

> *Wichtig:*
> **Hier darf nicht sofort das vorher erlernte anhaltende Bellen abgefordert werden.**

Dies erfolgt erst langsam in den folgenden Wiederholungen. Ist die Übung soweit gefestigt, dass der Hund das gewünschte Bellverhalten zeigt, wird zunächst nur die Entfernung bei gleichem Übungsablauf auf ca.15-20 Meter ausgeweitet.
Jetzt kann erstmals der Hundeführer durch eine andere Person ersetzt werden.

> *Wichtig:*
> **Dazu muss durch den Helfer mit der Ausgangsübung begonnen werden.**

Der frei laufende Hund wird also durch den Helfer im Nahbereich aufmerksam gemacht und angespielt.
Das Beutestück wird im Nahbereich gesperrt und auf „Bellen“ hin dem Hund zugespielt. Diese Übungen müs-sen nicht mehr so häufig wiedeholt werden wie in der ersten Lernphase.
Jetzt hält der Hundeführer seinen Hund fest, der Helfer entfernt sich wenige Meter, bleibt stehen und sperrt sichtbar das Beutestück. Der Hund wird mit Hörzeichen eingesetzt. Hat er den Helfer

erreicht, unterstützt dieser mit dem Hörzeichen „Laut“. Der Hund darf ihn noch anspringen, wird aber erst nach dem ersten Bellen mit dem Beutestück bestätigt.
Wird die Übung auch auf die erweiterte Entfernung sicher beherrscht, kann mit dem 2. Schritt begonnen werden.

Der 2. Schritt

Jetzt versteckt sich der eigene Hundeführer leicht. Dazu steht er offen hinter einem Schrank, Strauch oder in einem Versteck auf einem Ausbildungsplatz.
Die Entfernung beträgt nicht mehr als 15-20 Meter, und die Verstecksituation wird nur in kleinen Schritten erschwert, wenn die Schwierigkeit des vorangegangenen Versteckes sicher beherrscht wird.
Jeder Hund sucht seinen eigenen Hundeführer mit Begeisterung. Es ist erstaun.-lich, mit welchem Nachdruck schon kleine Hunde im Alter von 4 Monaten ihren eigenen Hundeführer suchen und wie sie bereits jetzt ihre Nase einsetzen.
Die Übungsanlagen beginnen immer gleich. Der Hund wird festgehalten, deutliche Bewegungsreize mit dem Beutestück werden ausgeübt, der Hundeführer entfernt sich zügig.
Der Hund wird mit Hörzeichen nachgeschickt, sobald der Sichtkontakt zum Hundeführer unterbrochen ist.
Werden die Schwierigkeiten in angemessen kleinen Schritten gesteigert, so ist es nie erforderlich, den Hund aus dem Versteck heraus bei der Suche zu unterstützen.
Bevor sich der eigene Hundeführer in weiteren Schritten immer etwas schwieriger versteckt, soll der Hund lernen, dass sich das erlernte Signalbild nur auf die An--treffsituation und nicht auf die Person (eigener Hundeführer) bezieht. Somit wird jetzt ein Helfer in die Arbeit mit eingebunden.

An dieser Stelle muß der erste und häufigste Fehler (insbesondere bei älteren Hunden) vermieden werden.

Wichtig:
Wir tauschen nicht in der gerade erreichten Schwierigkeitsstufe den eigenen Hundeführer gegen einen Helfer aus, sondern lassen zunächst jeden neu einbezogenen Helfer mit einer Anfangsübung beginnen.

Das heißt, dass der Helfer den frei laufenden Hund im Nahbereich zunächst zum Spielen mit dem Beutestück auffordert. Danach sperrt er dieses u.s.w.
Jeder vom Hundeführer zuvor vorbereitete Schritt wird vom Helfer in Kürze ohne viele Wiederholungen nachgestellt, bis er zu der o.a. Übung auf eine Distanz von 15-20 Metern kommt.
Immer wieder werden einzelne Übungen eingebracht, in denen der eigene Hundeführer die Helferarbeit übernimmt. So ist es besonders für ältere Hund einfacher, den Helferwechsel zu akzeptieren.
Noch immer darf der Hund den Helfer „belästigen“, **ohne** dafür begrenzt oder gestraft zu werden.
Wenn der Hund regelmäßig erkennt, dass Anspringen und sonstiges Belästigen nicht zum Erfolg führen, sondern ausschließlich das Bellen, lassen die Belästigungen von selbst nach. Um schneller zur angestrebten Bestätigung zu gelangen, legt er nicht erfolgversprechende Verhaltensweisen selbständig ab.
Während die Übungen jetzt wieder durch den eigenen Hundeführer weiterentwickelt werden, wird das Erlernte (auch die einfachen Schritte) immer wieder in kleinen Übungen wiederholt.
Der Hund verbellt und wird bestätigt. Wird jetzt wieder auf einen Helfer zurückgegriffen, müssen wie zuvor beschrieben, möglichst alle Zwischenschritte vom Helfer wiederholt werden.

Der Junghund (17 Wochen alt) wird von einem Helfer zunächst festgehalten und dann zur eigenen Hundeführerin geschickt.

Sobald der Hund zu bellen beginnt,wird er bestätigt. Anspringen wird **nicht** bestraft, aber führt nicht zum Erfolg.

Der gleiche Hund (17 Wochen alt) wird von der eigenen Hundeführerin festgehalten. Der Helfer macht ihn mit einem Beutestück aufmerksam.

Der Hund wird mit Hörzeichen zum Helfer geschickt. Die druckvolle Annäherung ist zu diesem Zeitpunkt noch viel wichtiger als ein Vorsitz. Der Hund wird den Helfer somit noch anspringen.

Nach einigen Übungen ist deutlich zu erkennen, dass dieser Junghund bereits begriffen hat, dass er bellen und nicht zufassen muß, um bestätigt zu werden. Durch die druckvolle Annäherung springt er den Helfer noch an, legt dieses Verhalten aber mit der Erfahrung mehr und mehr ab.

Der Junghund (7 Monate) wurde von seinem Hundeführer zunächst an der Leine gehalten und dann mit Hörzeichen zum Helfer geschickt. Der Hund springt den Helfer noch an, um das Beutestück zu erreichen. Es erfolgt keine Einwirkung!!! Die Beute wird lediglich für dieses Verhalten noch nicht freigegeben.

Nach wenigen Wiederholungen dieser Übung mit gleichem Ablauf hat der Hund verstanden, wie er zum Erfolg kommt. Er hat sich ohne Einwirkung einen großen Lernschritt erarbeitet.

Je erfahrener bzw. je älter der Hund ist, um so wichtiger ist die Wiederholung dieser Aufbauschritte.

Die Übung „Sitz" wird mit einbezogen

Jetzt ist der Hund soweit, daß die Übung „Sitz" mit einbezogen werden kann. Der Hund hat das Prinzip bis hierher begriffen und ist mittlerweile absolut sicher in seinen Ausführungen.
Es wird wieder mit einer Ausgangsübung begonnen. Der eigene Hundeführer macht den frei laufenden Hund wieder im Nahbereich aufmerksam und fordert ihn mit dem Beutestück und Hörzeichen zum Bellen auf. Der Hund verbellt und fordert die Beute.

Die Bestätigung bleibt zunächst aus. Das Hörzeichen „Sitz" wird zum bereits erlernten Hörzeichen „Laut" hinzugefügt. Dabei bewegt sich der Hundeführer leicht auf den Hund zu und weist mit einer Hand über den Kopf des Hundes in Richtung Rute.
Der Hund sieht nach oben (hinten) und neigt sich in einer leichten Rückwärtsbewegung in ein angedeutetes Sitzen. Bereits bei der Einleitung dieses Vorganges wird der Hund durch Zuspielen des Beutestückes und viel Lob bestätigt. Die Übung wird ebenfalls in dieser einfachen Form solange wiederholt, bis das gewünschte Verhalten sicher beherrscht wird. Unser Handeln soll den Hund nur bei der schnelleren Findung der richtigen Verhaltensweisen unterstützen und ihn sicherer machen. Hier darf nicht in Zwang und damit in Verunsicherung übergegangen werden.
Erst wenn der Hund sitzend anhaltend bellt, werden die oben beschriebenen Entfernungsschritte geübt.
Wird bei dieser Übung der Hundeführer durch einen

Helfer ersetzt, beginnt dieser wieder mit der Anfangsübung im Nahbereich.
Erst wenn die Übung „Sitz, Laut“ auch an einem Helfer sicher beherrscht wird, kann zum 3. Schritt übergegangen werden.
Das sichere Beherrschen bezieht sich zunächst nur auf das Sitzen und Bellen. Bei der Annäherung darf der Hund weiterhin den Helfer zunächst anspringen, um dann in das gewünschte Verhalten überzugehen.

Der 3. Schritt

Wieder übernimmt der eigene Hundeführer die Rolle des Helfers. Während der Hund festgehalten wird, entfernt sich der Hundeführer, wobei er das Beutestück mit deutlichen Reizbewegungen in den Vordergrund rückt.
Nach einigen Metern verbirgt sich der Hundeführer hinter einer Ecke oder einem natürlichen Hindernis.
Hierbei geht es nur um eine Unterbrechung des direkten Sichtkontaktes, noch nicht um ein Versteck. Sobald der Hund die Ecke erreicht hat, muss die still stehende Person für ihn zu erkennen sein. Das Beutestück wird deutlich sichtbar an der Person gesperrt. Mit Unterstützung durch Hörzeichen wird der Hund zum gewünschten Verhalten gebracht. Das Beutestück wird ihm zugespielt.

Vorsicht

Für bereits im Schutzdienst vorgebildete Hunde könnte der Helfer direkt hinter einer Ecke den Eindruck eines Überfalls erwecken. Sollte der bis dahin sicher arbeitende Hund hier anstoßen oder deutlich belästigen, sollte sich der Helfer einige Meter hinter der Ecke gut sichtbar plazieren. Dadurch kann der Hund die Person als „stillstehend“ rechtzeitig erkennen.

Im Verlauf der folgenden Übungen wird das Beutestück an der still stehenden Person nicht mehr mit Bewegungsreizen belegt. Es darf nur mit der Hand abgedeckt werden. Dieses Verhalten muss für den Hund zum Signalbild werden. Die Örtlichkeiten und die Ausganssituationen sollen bewusst gewechselt werden.

> ***Wichtig:***
> **Person und Beutestück sind passiv <u>bevor</u> der Hund sie erreicht hat.**

Alle anderen Umstände zeigen durch ihre Wechselhaftigkeit, dass sie ohne Bedeutung sind.
Auch wenn eine Beißrolle benutzt wird, darf sich der Hund dieses Beutestück niemals selbständig holen. Es muss immer nach Erfüllen des gewünschten Verhaltens zugespielt werden. Erst danach darf es zwischen Hund und Hundeführer zu einem ausgiebigen Beutespiel als Belohnung kommen.
Dieser Grundsatz gilt unbedingt von Beginn der Ausbildung bis zu allen späteren Endübungen.
Die weiteren Übungen werden nun wechselweise mit und ohne Sichtkontakt wiederholt, **nicht nur der letzte** und somit höchste Ausbildungsstand.
Die Entfernung außer Sicht (hinter der Ecke) kann schrittweise ausgeweitet werden. Übernimmt der Helfer wieder den Part des Hundeführers, so beginnt er unbedingt mit einer leichten Übung. Zunächst starke Reizbewegungen mit dem Beutestück, mit Sichtkontakt. Erst in der Wiederholung erfolgt die Sichtunterbrechung bis unmittelbar hinter eine Ecke oder angelehnte Tür.
Die Unterstützung durch das Hörzeichen „Sitz, Laut“ wird jetzt langsam zurückgenommen.
Da die Bestätigung konsequent nur noch nach einem

perfekten Verhalten erfolgt, der Hund aber möglichst schnell zum Erfolg kommen will, wird das Anspringen immer weniger, und der Hund kommt von selbst immer schneller zum „Sitz“.

Das Anspringen wechselt mit der Sicherheit des Hundes nun immer mehr zu einer lediglich kurzen Berührung.

Mit dieser erlangten Sicherheit wird das Bellen deutlich hör-und sichtbar druckvoller und fordernder. Spätestens jetzt darf das Beutestück nicht mehr nur vor den Körper gehalten werden, sonst neigt der Hund wie bei anderen Ausbildungsmethoden zur selbständigen Vorverlagerung seiner Bestätigung.. Der Hund wird sein zunächst anhaltendes Bellen abkürzen, und nach einigen Belllauten die Person anspringen, um durch Zufassen an das Beutestück zu gelangen.

Um diesem Verhalten vorzubeugen, wird schon früh das Beutestück an den verschiedensten Stellen des Körpers (hinter dem Körper, in der Armbeuge, zwischen den Beinen, aus dem Nacken heraus u.s.w.) verborgen. Der Hund darf nicht frühzeitig erkennen, woher die Bestätigung kommen wird.

Das Beutestück als Reizmittel tritt immer mehr in den Hintergrund. Die Bewegungsreize mit dem Beutestück werden deutlich weniger und unterbleiben bald völlig.

Es wird aber auch bei allen weiteren Übungen **nur** durch Zuspielen des Beutestückes bestätigt. Es erfolgt **niemals** eine Kampfhandlung als Bestätigung.

In der Endstufe wird im zufälligen Wechsel je nach Situation entweder durch den Helfer, den eigenen Hundeführer bei der Durchsuchung des Helfers oder durch eine separate Durchsuchungskraft aus der Durchsuchung heraus bestätigt. Wichtig ist zur Vermeidung unerwünschter Vorverlagerungen oder Unaufmerksamkeit in der Bewachung, dass der Hund weder auf den Zeitfaktor noch auf die Person bezogen eine Regelmäßigkeit erkennt. In welcher Weise mit dieser fundierten Grundverknüpfung weitergearbeitet wird, ergibt sich im Wesentlichen aus dem angestrebten Einsatzbereich.

Der Hund hat das Prinzip „Verbellen" verstanden.

Der 4. Schritt Einstellen aus einer Verbellübung heraus

Bei dieser Übung wird erwartet, daß sich der Hund aus einer Verbellhandlung heraus auf Hörzeichen ablegt, und die gestellte Person bewacht.
Auch diese gesamte Übung erfolgt **ohne** jede körperliche Einwirkung mit dem **nicht** angeleinten Hund.

Zunächst übernimmt wieder der eigene Hundeführer die Funktion des Helfers.
Der Hund sitzt vor seinem Hundeführer und bellt. Während er zur Belohnung für seine richtige Leistung das Beutestück erwartet, bleibt diese Triebbefriedigung zunächst aus.
Der Hundeführer weist seinen Hund in dieser Situation frühzeitig durch ein entsprechendes Handzeichen unter gleichzeitiger Unterstützung durch das festgelegte Hörzeichen zum Einstellen in das „Platz". Dabei kann sich der Hundeführer auch leicht herunterbeugen, um dem Hund unterstützend die Richtung zu weisen.
Wenn der Hund die Übung „Platz" bereits beherrscht, wird er sofort in das erwünschte Verhalten übergehen.

Beherrscht der Hund diese Übung noch nicht, so bietet er an dieser Stelle erneut verschiedenen Verhaltensweisen in wahlloser Folge an.

Sobald das „Platz“ durch den Hund eingeleitet wird, erfolgt die Bestätigung durch das Zuwerfen des Beutestückes. Mit jeder Wiederholung wird auch diese Übung erkennbar sicherer.

Häufig neigen Hunde nun vorschnell zum „selbständigen“ Einstellen. Diesem Verhalten wird entgegengewirkt, indem der Hund in unregelmäßiger Folge bereits nach kurzem Verbellen und in anderen Übungen wiederum erst nach dem Einstellen bestätigt wird. Eine Regel darf für den Hund hierbei nicht erkennbar werden.

Das Helferbild - von der stehenden zur liegenden Person

Dienst- und Rettungshunde werden entgegen sportlich geführten Hunden in späteren Prüfungs- und Einsatzsituationen Personen in verschiedenen Positionen antreffen.
Die verschiedenen Möglichkeiten wie stehen, hocken, sitzen, liegen, u.a. müssen also in vorbereitenden Übungslagen angeboten werden.
Um einem möglichen ungewollten Verhalten im Vorfeld entgegenzuwirken, werden alle vom bisher erlernten Grundmuster abweichenden Verhaltensweisen mit kleinen Übungsschritten eingeleitet.
In einfachen Grundübungen auf kurze Distanz nimmt der **eigene Hundeführer** die verschiedenen Körperhaltungen ein. Dazu werden von einer Übung zur nächsten nur unwesentliche Änderungen der Körperhaltung vorgenommen. Nach einer Verbellübung mit stehendem Helfer wird eine Übung mit leicht abgeducktem Helfer angeboten. Dieses Helferverhalten wird in verschiedene Übungslagen eingebracht.

Vorbereitung von der stehenden zur hockenden Person.

Liegende Person -Zwischenschritt (oben) und Endlage (unten) -

Erst wenn dies sicher beherrscht wird, wird eine Position in leichter Hocke angeboten.

Es werden nicht immer neue, sondern zwischendurch immer wieder bereits erlernte Positionen angeboten. So werden viele verschiedene Positionen bis hin zum liegenden Helfer vorbereitet.
Alle Übungen werden zunächst mit dem eigenen Hundeführer erlernt. Auch hier darf der Hundeführer nicht einfach durch einen Helfer ersetzt werden. Wie in den Grundübungen wird der Helfer langsam in sicher erlernte Übungen eingefügt. (immer beginnend mit einer leichten Übung -meist stehender Helfer-)
Besonders beim liegenden Helfer wird häufig ein gravierender Fehler beobachtet. Viele Helfer empfinden es als sehr unangenehm, wenn der Hund in Kopfnähe verbellt. Um sich zu schützen, legen sie ihre Arme vor das Gesicht. Zwangsläufig wird somit regelmäßig mit dem Beutestück vom Kopf aus bestätigt. Nur wenige Übungen reichen bei einem triebstarken Hund aus, und er wird zur Vorverlagerung seiner Triebbefriedigung im Kopfbereich nach seinen Beutestück suchen. Dabei geht er nicht unbedingt vorsichtig vor, wodurch es zu empfindlichen Verletzungen kommen kann.
Hierbei handelt es sich wiederum **nicht** um einen Angriff, der gegen die Person gerichtet ist , sondern es liegt ein gravierender Ausbildungsfehler vor.
Aus eigener Helfererfahrung kann ich bestätigen, dass Hunde, die regelmäßig **nicht** vom Kopf her bestätigt werden erst gar nicht im Kopfbereich verbellen.
Gleichgültig wodurch es zu einem Fehlverhalten kommen kann, sollte der Helfer vorsorglich durch geeignete Hilfsmittel geschützt werden.

<u>Wichtig:</u>

Die strikte Einhaltung der Ausbildungsschritte und eine <u>unbedingte</u> Trennung der Verhaltensweisen der Helfer in Kampfübungen und Verbellübungen ist Grundvoraussetzung. Mögliche Konfliktpunkte werden in den entsprechenden Kapiteln ausführlich behandelt. Bei konsequenter Einhaltung aller beschriebenen Ausbildungsschritte ist das Verfahren auch für Diensthunde uneingeschränkt umzusetzen.

Verbellen mit Beißkorb

Bei jungen Hunden kann in der Regel im Alter von ca. 8-10 Monaten mit der Beißkorbarbeit sowohl im aktiven Schutzdienst wie im Verbellen begonnen werden.
Der Hund sollte die zuvor beschriebenen Schritte bereits komplett beherrschen. Wenn die Vorbereitung zum Verbellen bereits mit dem Welpen begonnen und in der beschriebenen Form weitergearbeitet wurde, verbellt der Hund in diesem Alter nicht nur sicher, sondern er bewältigt bereits komplexe Übungslagen, die sonst nur von ausgewachsenen Hunden erwarten werden können.
Die meisten Hunde haben das komplette Grundmuster nach wenigen Wochen (je nach Übungseinheiten und Einhaltung der Übungsschritte) sicher verknüpft.
Wann mit der Beißkorbarbeit begonnen wird, muss am jeweiligen Hund festgemacht werden. Ausschlaggebend für diesen Zeitpunkt sind vorrangig Alter und Vorerfahrung des auszubildenden Hundes.
Das Verbellen mit Beißkorb kann bei Hunden mit Vorerfahrung nach anderen Ausbildungsverfahren (Beißbestätigungen) bereits bei den ersten Übungen einfließen, wenn dies für die

Sicherheit des Hundeführers oder des Helfers ratsam erscheint.
Die Bestätigung erfolgt wie in den (ohne Beißkorb) beschriebenen Schritten. Nur kann der Hund das Beutestück -durch den Korb bedingt- nicht mit dem Fang aufnehmen. Er wird es über den Boden schieben, wobei auch mit Korb ein ausgiebiges Beutespiel durchgeführt werden kann. Möglichst sollte der Korb zur besseren Bestätigung schnell abzunehmen sein. Es ist erstaunlich, wie druckvoll und ausdauernd die Bestätigung auch mit Korb angenommen wird.

Wichtig:

Der Beißkorb darf nicht als Sicherungsmittel ausschließlich im Bereich schwieriger bzw. gerade erlernter Übungen verstanden werden. Hier gilt wieder das wichtige Prinzip: Angefangen wird bei der einfachsten Übung mit dem eigenen Hundeführer. Wird der Grundsatz „Bei jeder Veränderung wird zur einfachen Übung mit dem eigenen Hundeführer zurückgegangen und wie beschrieben aufgebaut“ beachtet, erleben wir in dieser Ausbildung keine Rückschritte.

Die Umstellung auf den Beißkorb ist somit nur eine **kurzgefasste** Wiederholung aller bis dahin erlernten Ausbildungsschritte.

Verbellen für Rettungshunde

Bei der Verbellausbildung von Rettungshunden kann der Hund seinen gesamten Spiel- und Beutetrieb uneingeschränkt ausleben.
In keiner Phase muss der Hund eine Begrenzung oder gar Zwang hinnehmen. Dadurch bleiben Meideverhalten oder andere negative Begleiterscheinungen aus.

Als Ergebnis erhalten wir einen stark motivierten, ausgesprochen druckvoll und ausdauernd arbeitenden Rettungshund
Die Ausbildungsschritte (Schrit-te 1-4) müssen wie bei Dienst- und Sporthunden unbedingt eingehalten werden.
Das Helferverhalten kann uneingeschränkt dem Verhalten von Personen nachempfunden werden, die in späteren Einsatzlagen gesucht werden müssen.
Da keine Überschneidungen zu einem aktiven Helferverhalten aus Schutzdienstlagen zu befürchten sind, können wesentlich weitreichendere Bewegungsreize durch den Helfer eingearbeitet werden.
An die trieblichen Voraussetzungen des auszubildenden Hundes würde ich keine geringeren Anforderungen stellen, als bei einem Diensthund. Liegen diese Voraussetzungen nicht vor, so steht der Umsetzung dieses Verfahrens grundsätzlich nichts im Wege.

Abstriche sind dadurch jedoch mit Sicherheit im Leistungsbereich, nicht aber in der sicheren Ausführung der Übung hinzunehmen.
Die nachfolgenden Punkte sind aber auch hier unbedingt zu berücksichtigen.
Die Bestätigung mit dem Beutestück muss aus ständig wechselnden Positionen heraus erfolgen.
Der Hund darf die Körperstelle, von der aus bestätigt wird, nicht im voraus erkennen können.
Im Rettungshundebereich muss oft mit dem Antreffen liegender Personen gerechnet werden. In der Ausbildung neigen viele Helfer dazu, zum Schutz vor dem Hund ihren Kopf zwischen den Armen zu verbergen. Bei fehlerfreier Vorbereitung der Übungen wird ein Schutz erst gar nicht erforderlich. Auf das Helferverhalten in dieser u.a. Situationen wird im Kapitel „Das Helferbild“ eingegangen.

Offen liegende Person (oben) als Vorbereitung zur liegenden Person in unwegsamem Gelände (unten) im Rahmen der Vermisstensuche.

Wenn es erforderlich erscheint, müssen entsprechende Maßnahmen zum Schutz des Helfers getroffen werden. Eine Verletzung des Helfers ist unbedingt auszuschließen. Wie der Hund beim Verbellen den gewünschte Abstand zu einer Person einhält, ist unter der Überschrift „Die Bestätigung“ beschrieben.

Wichtig:
Auch bei Rettungshunden wird jede Übung (vom 1. bis zum letzten Übungsschritt) zunächst vom eigenen Hundeführer vorbereitet. In kleinen Schritten wird er durch einen Helfer ersetzt. Auf wechselnde Helfer mit wechselnder Kleidung (Optik/Geruch) ist in den weiteren Schritten unbedingt zu achten.

Durch die Vorbereitung der Suchlagen mit dem eigenen Hundeführer wird ein technisch ausgefeiltes und ausgesprochen druckvolles Suchverhalten erreicht.

Der Sporthund

Die Schutzdienstausbildung eines Sporthundes ist rein beutebezogen.
Im Gegensatz zur Diensthundausbildung ist keine Kampfhandlung an einer zivilen Person vorgesehen.

Die Verbellausbildung des Sporthundes ist uneingeschränkt mit dem beschriebenen Verfahren ohne jede Gewalteinwirkung gegen den Hund zuverlässig zu erreichen.

Soll ein Hund nach diesem Verfahren ausgebildet werden, so ist konsequent darauf zu achten, dass nicht der vorhandene Beißarm, sondern ausschließlich ein anderes Beutestück (z.B. ein Tennisball) zur Bestätigung eingesetzt wird.
Nur dieses relevante Beutestück wird im Übungsaufbau mit dem erforderlichen Bewegungsreiz versehen.

Zu berücksichtigen ist, dass der Helfer mit einer Schutzkleidung ausgestattet ist, die dem Hund in der Regel bereits aus früheren Beißübungen als „Reizmittel" bekannt ist.
Während der Hund an einer derart ausgestatteten Person in einer Übung verbellen muss, wird erwartet, dass er an dem Helfer mit gleicher Optik in einer weiteren Situation eine überzeugende Beißübung durchführen soll.
Wird ein Junghund in der bereits beschriebenen Weise an die Verbellarbeit herangeführt, so unterscheidet sich die Ausbildung des Sporthundes zunächst nicht von der eines Diensthundes.
Alle Übungen können ebenfalls an der geschützten wie an der ungeschützten Person durchgeführt werden, da es sich nur um beutebezogene Ausbildung handelt.
Der junge Hund verfügt erstaunlich früh über ein hohes Maß an Sicherheit in der Verbellarbeit. Wenn die folgenden Punkte konsequent beachtet werden, wird dieser Hund auch für die Zukunft sicher zwischen der still stehenden und der aktiven Person (Kampfübung) unterscheiden.
Eine Absicherung durch Hilfsmittel wird nicht erforderlich.
Das Verhalten des Hundes orientiert sich nicht an der Kleidung des Helfers, sondern an der jeweiligen Situation.
Ältere Hunde, die bereits über Vorerfahrungen an der eingesetzten Schutzkleidung durch Beißübungen verfügen, benötigen eine entsprechende Vorarbeit.
Da die Schutzkleidung (Beute) durch zuvor erlernte Beißübungen einen erheblichen Reiz für den Hund darstellt, müssen die vorbereitenden Ausbildungsschritte in der Verbellarbeit und in der Beißarbeit exakt aufeinander abgestimmt sein.
Um ein sicheres Ergebnis zu erreichen, müssen die folgenden Schritte unbedingt beachtet werden.

In der Ausbildung werden Verbellübungen und Beißübungen nicht im Zusammenhang geübt.

Wird mit dem Hund auf einem Ausbildungsplatz in einem Versteck das Verbellen geübt, so ist zwar der Helfer mit einem Beißarm ausgestattet, die Bestätigung für das richtige Verhalten (Verbellen) erfolgt aber ausschließlich durch Zuwerfen eines anderen Beutestückes (z.B. Tennisball).

Der Aufbau hierzu erfolgt für Junghunde wie für umzustellende Hunde gleich, wobei Hunde ohne Beißerfahrungen an Schutzkleidung das angestrebte Ziel deutlich schneller erreichen.

Zunächst ist der Hund bereits gemäß der beschriebenen „Ausbildungsschritte 1-3" z.B. mit einem Tennisball vorbereitet. Nachdem diese Übungen sicher beherrscht werden, trägt der eigene Hundeführer einen Beißarm oder entsprechend andere Schutzkleidung, während er seinen Hund mit einem Tennisball zum Spielen auffordert. Dies dient dazu, dass der Hund die Schutzkleidung als neutrale Kleidung kennenlernt. Nicht die Schutzkleidung selbst darf den Hund zum Beißen veranlassen, sondern die entsprechende Situation und das dazugehörige Hörzeichen.

Wenn der Hund die Schutzkleidung in der gewünschten Form anerkennt und sich ausschließlich auf das Spiel mit dem Ball fixieren läßt, kann die eigentliche Übung begonnen werden. Der Hund hält sich dazu im Nahbereich seines Hundeführers auf. Der Hundeführer belegt den Tennisball mit entsprechendem Bewegungsreiz, ruft seinen Hund zu sich heran und fordert ihn zum Verbellen auf. Der Beißarm wird dabei zunächst ruhig an der Körperseite gehalten.

Spiel mit dem Beutestück, ohne den Beißarm mit Bewegungsreizen zu belegen. Der Arm ist hier (Bild oben) bereits leicht angewinkelt.

Verbellt der Hund erwartungsgemäß, wird er durch Zuspiel des Balles bestätigt.
Beherrscht der Hund diese Übung sicher, wird bei gleich angelegter Übung der Beißarm leicht vor den Körper gehalten. Diese Haltung wird in langsamen Schritten so weitergeführt, bis die Haltung dem späteren Bild des Helfers im Versteck entspricht.

Wichtig:

Der Hund lernt, dass die Schutzkleidung in bestimmten Situationen zum Lagebild gehört, aber nicht zur Triebbefriedigung dient.

Wenn nun ein Helfer einbezogen wird, hält sich dieser zunächst zusammen mit dem Hundeführer im Bereich des frei laufenden Hundes auf. Helfer **und** Hundeführer tragen Schutzkleidung. Nachdem der Hundeführer mit dem Hund gespielt hat, macht der Helfer den Hund ebenfalls mit einem Tennisball aufmerksam.
Er läßt ihn nicht sofort vorsitzen, sondern wirft ihm den Ball zunächst fort. Erst nach einigen Übungen wiederholt er die vom Hundeführer durchgeführten Schritte (mit vielen Wiederholungen) mit jeweiliger Bestätigung durch Zuspielen des Tennisballes bis zur späteren Verbellübung im Versteck.

Wichtig:

Auch wenn eine Übung in der angestrebten Endlage sicher beherrscht wird, wird sie außerhalb einer prüfungsmäßigen Abfrage **nicht** im Zusammenhang mit einer Beißübung durchgeführt. Dies könnte den Hund wiederum unnötig verwirren. Beißübungen werden örtlich und zeitlich von der Verbellübung getrennt vorbereitet. Beißübungen erfolgen **immer** aus einer Bewegung des Helfers heraus, niemals wie nach anderen Methoden (z.B. eine Beißbestätigung nach

einer Einstellübung) aus dem Stillstand heraus.
Die still stehende Person **ist zu verbellen**. Ein Helfer der still steht, bietet daher auch keinen Kampf an. Egal ob nach einer Verbellübung oder nach einer Einstellübung.

Wird gelegentlich in direkter Folge eine Verbellübung und danach eine Beißübung abgefragt, kann der Hund die separat erlernten Übungen **sofort** miteinander verknüpfen
Die Übung „Einstellen" wird unter der Überschrift „Einstellen aus einer Verbellübung heraus" behandelt.

Verbellausbildung für Diensthunde

An Diensthunde werden entsprechend der jeweils geltenden Prüfungsordnung besondere Anforderungen gestellt.
Sie müssen aber grundsätzlich **alle** in der Lage sein, eine zivil gekleidete Person (ohne das „Reizmittel" Schutzkleidung) bei passivem Helferverhalten sicher zu verbellen, während sie Flucht- oder Angriffsverhalten mit einer aktiven Kampfhandlungen beantworten müssen.
Um diesen hohen Anforderungen gerecht zu werden, können für die Ausbildung zum Diensthund grundsätzlich nur Hunde mit entsprechend hohem Triebverhalten, einem hohen Maß an Selbstsicherheit und Nervenstärke sowie einer nicht zu hohen Reizschwelle Verwendung finden.
Auch Hunde, die diese hohen Voraussetzungen erfüllen, können uneingeschränkt nach dem zuvor beschriebenen Verfahren **gewaltfrei** zum Verbellen ausgebildet werden.
Das Verbellen nimmt den wesentlichen Teil der Dienst-

hundausbildung ein. Einen weiteren Anteil nimmt die Ausbildung im Bereich der aktiven Kampfhandlungen und das Einstellen in Anspruch.

> ***Wichtig:***
> Verbell- und Kampfübungen müssen **konsequent** räumlich und zeitlich voneinander getrennt werden.
> Das Helferverhalten darf in diesen beiden Ausbildungsteilen **keine** für den Hund **gleich erscheinende** Verhaltensweisen aufweisen.
> Eine Verbellübung darf in **keiner** Phase mit Kampf bestätigt werden.

Die Grundverknüpfung erfolgt wie in den Schritten 1-4 beschrieben

Wird ein Junghund für die spätere Verwendung als Diensthund aufgezogen, so können die zuvor unter Schritt 1 bis Schritt 4 beschriebenen Ausbildungsschritte ohne Beißkorb angewendet werden.

Obwohl bei einem derart vorbereiteten Hund keine Bissverletzungen in einer Verbellübung zu befürchten sind, sollte er im Alter von 8-10 Monaten auch an das Verbellen mit Beißkorb gewöhnt werden.

Bei älteren Hunden, besonders aber bei Hunden, die mit Beißbestätigungen nach dem Verbellen bereits konditioniert wurden, sollte das Verbellen mit Beißkorb schon bei den ersten Übungsschritten einfließen.

Ich weiß, dass bei richtiger Vorbereitung des Hundes der Beißkorb als Sicherungsmittel nicht erforderlich sein wird, aber die Erfahrung hat gezeigt, dass es besonders bei sehr starken Hunden bereits zu einzelnen Fehlverknüpfungen kam. Diese waren **nicht** auf dieses Verfahren, sondern stets auf **Überschneidungen** aus der aktiven Helferarbeit im

Schutzdienstarbeit und Verbellübungen zurückzuführen.
Da ein derartiger Fehler nie ganz auszuschließen ist, sollte der Schutz des Helfers erste Priorität haben, wobei im Einzelfall entschieden werden muß, wie dieser Schutz zu gewährleisten ist.

Für völlig falsch halte ich den Schutz des Helfers bei der Verbellarbeit mit Diensthunden durch einen Vollschutzanzug oder Beißarm.
Diese Reizmittel gehören in den **Hundesport, nicht in den Diensthundbereich**.
Mit diesem Reizmittel wird der Diensthund in einer Einsatzlage niemals konfrontiert.
Diese Schutzdienstkleidung hat nur ihre Berechtigung für einen gezielten Anbiss durch den Diensthund, um die Übung „Einstellen aus einer Beißsituation heraus“ zu überprüfen.
Alle anderen erforderlichen Eignungsüberprüfungen für Diensthunde können an der zivil gekleideten Person mit Beißkorb abgefragt werden.

Häufigste Fehlerquelle

In der Verbellausbildung hat der Hund das „Signalbild“ der passiven Person kennengelernt.
Es kam entsprechend der zuvor beschriebenen Schritte nie zu einer Beißbestätigung.
Parallel zu dieser Ausbildung werden jedoch mit dem Hund eine Vielzahl von Beißübungen an Helfern mit Schutzkleidung und Kampfübungen an der zivilen Person mit Beißkorb geübt. Im weiteren Verlauf wird die Übung „Einstellen“ vorbereitet.
Spätestens bei der Übung „Einstellen“ wird der Hund bislang meist mit erheblichen Zwangsmitteln belegt. Um einem daraufhin regelmäßig zu beobachtenden Meideverhalten entgegenzuwirken, wird ihm vorsorglich nach dem „Einstellen“ eine Kampfhandlung zur Bestätigung angeboten.

Egal ob der Hund vom Helfer abgenommen wird, oder ob die Kampfhandlung mit Hörzeichen beendet wird, immer geht der Helfer in ein passives Verhalten über.

Hier liegt also ein identisches Helferverhalten zur Verbellarbeit vor.

Dieses passive Verhalten stellt für den Hund das gleiche Bild dar, wie er es bei der Verbellübung vorfindet. Es ist eine absolute Überforderung für den triebstarken Hund, wenn er eigenverantwortlich ein identisches Helferverhalten völlig unterschiedlich beantworten soll. Durch die Vielzahl der Kampf-/Einstellübungen wird der Hund völlig verwirrt.

Im Ergebnis kommt es immer wieder zu einem fehlerhaftem Verhalten in Verbellübungen.

Fehlervermeidung:

Wer das Verbellen nach der gewaltfreien Methode durchführen möchte, muß unbedingt die entsprechenden Überlegungen in die aktiven Schutzdienstübungen mit einfliessen lassen.

Wird nach Abschluß einer Beißübung ein erneuter Kampf angeboten, ist darauf zu achten, dass der Helfer den erneuten Kampf **nicht aus einer völligen Ruhephase** (Stillstand) heraus anbietet. Der Kampf wird aus einer (wenn auch leichten, aber deutlich eingeleiteten) Bewegung heraus angeboten. Es erfolgt ein komplett **neuer** Übungsansatz.

Ebenso wichtig ist dies bei der Übung „Einstellen". Nach dem Einstellen (mit Beutebestätigung) aus einem aktiven Helferverhalten entfernt sich entweder der Hundeführer mit Hund vom Ort der Kampfhandlung oder der Helfer wird entlassen.

Soll eine Kampfbestätigung erfolgen, so entfernt sich der Helfer zunächst einige Meter ohne eine erneute Reizlage zu bieten und nähert sich erneut dem Hund. **Jetzt** bietet er aus einer eingeleiteten Bewegung heraus den Kampf an.

Der Kampf aus einem passiven Helferverhalten heraus ist unbedingt zu vermeiden.

Durch eine Flucht oder einen Angriff aus einer passiven Situation heraus (möglichst nicht in der Lernphase) wird für den Hund nicht gleich das gesamte erlernte System zusammenbrechen. Durch Wiederholungen solcher Situationen wird jedoch eine Fehlverknüpfung mit Sicherheit eingearbeitet.

Es kommt also auf die Situation an. Eine räumliche und zeitliche Trennung der Übungen **alleine** reicht nicht aus.

Beißübungen werden an Helfern mit Schutzkleidung (z.B.Vollschutz, Unterziehchutz,Beißarm,)durchgeführt

Soll der Diensthund an Helfern mit sportlicher Schutzkleidung verbellen, können Hinweise hierzu unter der Überschrift **„Der Sporthund"** nachgelesen werden.

Helferverhalten und Auswirkungen

Nachdem der Hund das Grundmuster „Verbellen" erlernt hat, wird das Helferbild für das später erwünschte Verhalten vorbereitet. Jetzt kann im Zusammenspiel mit aktiver Schutzdienstausbildung und Verbellausbildung festgelegt werden, wieviel Bewegung der Diensthund bei späteren Verbellübungen zulässt.

Soll der Diensthund bereits bei relativ geringer Bewegung der Person (z.B. aus Eigensicherungsgründen) in eine aktive Kampfhandlung überwechseln, so wird ihm in allen Verbellübungen eine konsequent passive Person geboten. Die Bestätigung mit einem Beutestück wird mit so wenig Armbewegung wie möglich durchgeführt. Hierzu wird das Beutestück vom Helfer nicht mehr zugeworfen, sondern fallengelassen. Die Bestätigung durch die durchsuchende

Person wird **häufiger** vorgenommen (nicht immer) , während der Helfer absolut passiv bleibt. Daneben wird der Hund in aktiven Schutzdienstübungen häufiger mit einem Helferverhalten mit minimalen Bewegungsreizen während der Kampfhandlung konfrontiert.
Soll der Diensthund mehr Bewegung an einer Person zulassen (z.B. vor dem Hintergrund einer Vermisstensuche / eine verletzte oder verstörte Person könnte gewisse Bewegungsreize bieten, die aber keinen Angriff darstellen) , so wird die gewünschte Stärke der Bewegung in langsamen Schritten in das Verhalten des Helfers in der Verbellarbeit eingearbeitet.
In diesem Fall wird der aktive Schutzdienst nur mit entsprechend viel Bewegungsreiz durch den Helfer versehen.
Bei weniger Bewegungsreiz wird der Hund in eine Verbellsituation überwechseln.

Die Helferbewegung im aktiven Schutzdienst beginnt da, wo die Helferbewegung in der Verbellarbeit endet. Eine Überschneidung ist zu vermeiden.

Zusammenspiel von aktivem Schutzdienst und Verbellübungen heißt **nicht** Zusammenlegung. Gemeint ist hiermit ausschließlich die Abstimmung der Übungen aufeinander ohne dabei Überschneidungen zu erreichen, die den Hund verwirren könnten. Die zeitliche und räumliche Trennung bleibt **immer** erhalten.

Die anfängliche Befürchtung von Diensthundführern, dass nach diesem Verfahren ausgebildete Hunde nur auf ihre Beute warten und aus einer Bellsituation nicht in eine Kampfhandlung wechseln können, wurde bereits vielfach widerlegt.
Hunde sind in der Lage situationsbedingt verschie-

dene erlernte Verhaltensmuster miteinander zu verknüpfen und so auf wechselnde Situationen reflexartig zu reagieren.
Vergleichen kann man diese Fähigkeit mit Erkenntnissen aus unserer Trainingslehre:
Ein Kampfsportler der während eines Spazierganges unvermittelt angegriffen wird, ist in der Lage reflexartig auf seine im Training separat erlernten Techniken zurückzugreifen. Es ist nicht erforderlich, dass er zuvor die Situation Spaziergang /Kampf trainiert hat.
Profitennisspieler trainieren in einer Trainingseinheit nur Vorhandbälle, in einer anderen Einheit nur Rückhandbälle u.s.w. Diese Übungsabläufe sind durch das separate Üben absolut perfektioniert und eingeprägt. Bei Bedarf braucht der Spieler im Match nicht nachzudenken, auf welche Technik er zurückgreift, sondern er wechselt instinktiv von einer Technik zur anderen.

Daran erkennen wir, dass auch der Mensch bestimmte Abläufe nur dann perfekt beherrrscht und jederzeit abrufen kann, wenn er nicht **durcheinander lernt**, sondern in klaren Bildern kleine Einheiten und feste Abläufe übt.
Wird diese Erkenntnis auf Hunde übertragen, können auch entsprechende Leistung erwarten werden.
Ein weiterer Fehler liegt im Helferverhalten. Als ungeschützter Helfer mit einem ausgewachsenen Hund Verbellübungen durchzuführen, ist zugegebenerweise gewöhnungsbedürftig. Das unangenehme Gefühl wird verstärkt, wenn der Helfer den Hund aus kompromisslos aktiven Schutzdienstarbeiten kennt, und eventuell nicht von der Zuverlässigkeit dieses Bellverfahrens überzeugt ist. Solche Helfer neigen erfahrungsgemäß zu vorzeitigen Bestätigungen

und können dem Hund gegenüber ein gewisses Gefühl von Angst nicht verbergen. Oft sind solche Helfer auch nicht bereit, das Beutestück wechselweise zu verbergen (z.B. hinter dem Körper oder zwischen den Beinen). So kommt es zu überwiegenden Bestätigungen aus gleicher Position (vor dem Körper) heraus. Derartiges Verhalten verleitet in besonderer Weise den starken Hund, seine Triebbefriedigung durch Zufassen ins Beutestück vorzuverlagern.

Werden die beschriebenen oder ähnliche Verhaltensweisen bei Helfern festgestellt oder befürchtet, so sollte auf diese Helfer unbedingt zur Fehlervermeidung in der Lernphase verzichtet werden.

Bei Hunden festgestelltes Fehlverhalten während der Ausbildung nach diesem Verfahren konnte regelmäßig auf die gleichen Ursachen zurückgeführt werden. Die festgestellten Mängel konnten bislang ausnahmslos mit wenigen Übungseinheiten korrigiert werden.

Es war überwiegend festzustellen, dass Übungsschritte übersprungen wurden, bzw. Fehler in der Bestätigung vorlagen.

Je triebstärker der Hund, um so wichtiger die Einhaltung der kleinen Schritte.

Es muß unbedingt immer wieder eine einfache Übung aus der Aufbauphase (kurze Distanz mit Sichtkontakt, Übungen mit dem eigenen Hundeführer und leichte Übungen im Wechsel zwischen eigenem Hundeführer und einem Helfer) eingeflochten werden. Fehler sollen erst gar nicht geschehen. Beginnt ein zuvor bereits sauber arbeitender Hund den Helfer auch nur gering zu belästigen, wird sofort auf einige einfache Übungen zurückgegriffen. Wird dies konsequent berücksichtigt, werden Fehler vermieden, bzw. bereits eingeschlichene Fehler werden schnell behoben.

Umstellung von Hunden, die bereits nach anderen Methoden zum Verbellen konditioniert wurden

Hierbei muß zunächst unbedingt unterschieden werden zwischen unproblematischen Hunden, die lediglich nach einer herkömmlichen Methode teilweise oder vollständig zum Verbellen ausgebildet wurden, und sogenannten „Problemhunden".

Grundsätzlich können aber alle Hunde nach diesem Verfahren gewaltfrei ausgebildet werden.

Bei unproblematischen Hunden müssen lediglich die zuvor beschriebenen Ausbildungsschritte in Aufbau und Reihenfolge eingehalten werden. Auf die sichere Beherrschung jedes einzelnen Übungsschrittes muss wiederum unbedingt geachtet werden, bevor zum nächsten Schritt übergegangen wird. Zu Problemen wird es mit diesen Hunden in der Regel nicht kommen.

VORSICHT bei „Problemhunden"

Hierunter sind Hunde mit extrem starkem Triebverhalten, Hunde mit besonders hohem Aggressionspotential und Hunde, die in der Verbellarbeit bereits besonders starken Zwangsmitteln ausgesetzt wurden bzw. als nicht korrigierbar eingestuft wurden, zu verstehen.
Sehr gute Erfolge mit derartigen Hunden liegen bereits vor.
Bei „Problemhunden" muß unbedingt am ungeschützten (zivilen) Helfer mit Beißkorb gearbeitet werden.
Auch bei der Beißkorbarbeit lassen sich bereits nach kurzer Zeit technisch einwandfreie und sehr sichere Ergebnisse erzielen.
Es kann nie ausgeschlossen werden, dass gerade

Problemhunde unerwartet eine Kampfhandlung aufnehmen, obwohl die Verbellleistung bereits als sicher eingestuft wurde.
Das Helferverhalten in der Verbellausbildung könnte sich in Teilbereichen mit dem Helferverhalten aus früheren Ausbildungserfahrungen **überschneiden** und dem Hund somit ein falsches Signalbild vermitteln.

Sehr Wichtig

Bei problematischen Hunden muss unbedingt der folgende Ablauf, insbesondere der **Beginn** der Ausbildung exakt beachtet werden.
Der frei laufende Hund (keinerlei Hilfsmittel für evtl. Absicherungen) wird durch den eigenen Hundeführer im Nahbereich (ca.2-3m) mit einem geeigneten Beutestück aufmerksam gemacht.
Nähert sich der Hund daraufhin seinem Hundeführer, so wird das Beutestück zunächst nicht gesperrt, sondern deutlich sichtbar fortgeworfen. Der Hund soll diesem Beutestück ungehindert und druckvoll nacheilen können. Dieser Vorgang wird mehrfach (immer im Nahbereich beginnend) wiederholt.
Ein später einzusetzender Helfer hält sich dicht beim Hundeführer auf und bringt sich langsam in den Spielvorgang mit ein, bis er die zuvor beschriebenen Handlungen des Hundeführers übernimmt.
Die folgenden Wiederholungen dieser Übung werden wechselweise vom Hundeführer und dem Helfer durchgeführt.
Nach einer kleinen Pause wird mit der gleichen Übung durch den eigenen Hundeführer begonnen. Nach wenigen Wiederholung wird das Beutestück nicht mehr fortgeworfen, sondern deutlich sichtbar vor dem Körper gesperrt. Der Hund wird mit

Hörzeichen „Sitz - Laut" zum Verbellen aufgefordert. Durch die zuvor beschriebene **gründliche** Einleitung der Übung kommt es bei dem Hund nicht zu einer Verbindung mit einer Schutzdienstübung. Der Hund bellt lediglich als Aufforderung zur Herausgabe seines Beutestückes.

Um diesen Eindruck für den Hund weiter zu unterstützen, gestalten sich Hörzeichen und Gestik im Übungsaufbau zunächst immer **freundlich und spielerisch.**

Zeigt der Hund das erwünschte Verhalten am eigenen Hundeführer, so wird er bereits nach kurzem Bellen durch Zuwerfen des Beutestückes bestätigt.

Hat der Hund erkennbar sicher verstanden, was von ihm verlangt wird, und die Ausführung kann bis hierher als absolut sicher bezeichnet werden, wird der Helfer zur gleichen Übung eingesetzt. Er beginnt unbedingt zunächst wieder mit Spielaufforderung und Fortwerfen des Beutestückes.

Die weiteren Übungen erfolgen gemäß der beschriebenen Schritte 1-4 .

Ist das Verbellen an sportlicher Schutzkleidung unerlässlich (Sporthundbereich oder verschiedene Prüfungsordnungen für Diensthunde), so muss die neue Grundverknüpfung noch intensiver hergestellt werden.

Zunächst muß der Hund lernen, daß die sportliche Schutzkleidung nicht grundsätzlich mit einer Beißübung in Zusammenhang steht.

Um dieses Bewusstsein zu erreichen, trägt der eigene Hundeführer die Schutzkleidung (Vollschutzanzug oder Beißarm) zunächst selbst, während er sich völlig neutral verhält. Jeder Versuch des Hundes in diese Schutzkleidung zu beißen wird ruhig aber konsequent unterbunden. Erst, wenn diese Reizmittel vom Hund als neutral anerkannt werden, beginnt der eigene Hundeführer (mit der Schutzkleidung bekleidet) mit seinem Hund zu spielen. Der Hundeführer wirft einen Tennisball nach Spielaufforderung fort, ohne dabei die Schutzkleidung mit unnötigen Bewegungsreizen zu belegen. In langsamen Schritten erfährt der Hund, dass in bestimmten Situationen leichte Bewegungen mit dem Beißarm zulässig sind, ohne darin eine Reizlage zu erkennen. Das Spiel mit dem Tennisball ist in dieser Situation **das Ziel**, nicht die Kampfhandlung.

Wenn dies sichergestellt ist, werden hierzu die weiteren Schritte wie im Kapitel „Der Sporthund" beschrieben vorbereitet.

Schlusswort

Mit Sicherheit gibt es neben dem von mir erarbeiteten Verfahren weitere Methoden und Kombinationen von Methoden, um das angestrebte Ausbildungsziel „Verbellen" gewaltfrei zu erreichen.

Alle Hundeführer, die das von mir beschriebene Verfahren bisher umsetzten, waren über die außergewöhnlich schnellen und sicheren Lernergebnisse erstaunt.
Die anfängliche Zurückhaltung diesem Verfahren gegenüber weicht bedingt durch die bereits vielfach zu belegenden Erfolge einem immer deutlicheren Zuspruch.
Übernommen wurde dieses Verfahren bislang vorrangig im Rahmen der Aufzucht von Junghunden und von Hundeführern mit problembehafteten ausgewachsenen Hunden.

Auch wenn viele Hunde mit angeblich „verhältnismäßig wenig Zwang“ ein gutes Verbellergebnissen erreichen, so sind diese Ergebnisse nur durch mehr oder weniger regelmäßige Anwendung von Zwang sicherzustellen.

Jeder Hundeführer sollte für sich selbst (und seinen Hund) abwägen, ob er seinen Hund überhaupt mit Zwang belegen möchte, wenn das gleiche bzw. ein besseres Ergebnis bei verantwortungsbewußter Ausbildungsplanung auch völlig ohne Gewaltanwendung zu erreichen ist.

Wer bei dieser Überlegung noch nicht sicher ist, sollte in seine Entscheidung das Tierschutzgesetz und die Ergebnisse namhafter Verhaltensforscher zum Thema Zwangsmittel gegen Tiere mit einbeziehen.